吳國縉集（外一種）

4

（清）吳國縉 撰

政協全椒縣委員會 編
國家圖書館出版社

第四册目録

（清）吴國縉　撰

世書堂稿二十三卷（卷七至十二）

清順治十八年（1661）刻本

世書堂稿卷七

南譙吳國縉玉林甫著

兄　國鼎玉鉉甫　　弟　國對玉隨甫

國器玉質甫　　國龍玉騶甫　同較

男　登民　前民

鉅民　章民　同輯

詩　七言古

行歷

宜溝霾作

無端烈颶起掀狂日月沉淪天地荒西牟東幗氓且沒五
嶽三峰渺以茫騰沙塞烘峪垂雲隱大行銅雀臺沉英氣
浥玳瑁樓墟香覓泣軋軋碾轟陸海塵行人憒亂難足立
一勺清波晶玉盆莫洗闘胸泥土濕

行宿州野

古宿城外草如江白茫弱萎風毛尨古宿城下人如鬼垢
頭囚形貌容匪傳說去年年大凶剉樹磨秕糊三冬春長
絕粒飢欲死一開粥賑流水壅老疾瘦疸少踉蹌扶肩捉
背候穀湯隻腑一點玉盤露渴腸半勺瓊珠漿甫能下口

日巳晡道旁塵起哭驅呼紅瑜紫勒旌旄赫金環珠鞔風
流都徤見彎弓思射鹿不喜家脂喜野畜官扛儘饒肥與
廿那得殘羮到枵腹垂涎願充墜鐙鞭一飽溝壑甘心服

寧野

二月春光眴游蹝寸草拳枝花曄曄更喜見花不見葉淺
者絳碧深朱鬱素李皜梨紙粉揑風吹片片香躞蹀道上
行人插馬鬛燕趙雄風侈野獵我非少年慕遊俠

荊隆口

我聞河決荊隆口下流州郡十破九目擊邸本流民圖豈

意令來堤上走堤上千人正典工金錢二載費司空百瘡補塞殉陰蟻千里蜿蜒跨壯虹徵財三省半天下挑丁兩河及晉中飢民露處糊口飲游賈雲屯貪未計黃耈白鍗汗雨聯柴束薪堆山陵砌鐵杵丁丁築水底大索縷縷縛根勢但願自此磐石堅不愁更有蛟龍溲

漳南諸道行水

淺者爲豬深者河人行旱陸變滹沱三春熖熖飛惡土一夏滾滾漲洪波失足便沉窪坎井脫身隨逐急漩渦飄浮不及牛與馬輕颺不如鴨與鵝徙倚水側視舟師一壺千

金敢較多洶濤瀾淚眼花亂草刺石礫脚心摩黃昏已近

前村遠孤客無船更奈何

沙村野中

朝行不見發海墩晚行不見回桑矚長河北繞直復紆太

行西亘斷還續高樓喬木影參差仄逕深村徑折曲秋林

雨足葉垂黃秋路雨滋草耽綠梨甘棗熟豆角肥犬眠樹

下鷄啄粟間道兵馬不我聞村醪芋舍邋蘆宿

永城南關

永南關市十里長十家九家存堵牆草裹雙眠石獅子城

頭亂落瓦鴛鴦日暮鼠飢嚼敝閣夜深螢火游空房壁上
蘼蘼屋上樹行人跰足爲悽愴此是木土非膏血勸君嘆
息莫過傷昔年冦獗并盜熾殺人如瓜棄野邨生掠嬌兒
和愛女轉徙飄零各一方遭劫不若人房舍塌成黃土在
故鄉

荒庄行

自宿抵淮二百三草消木瘦淡烟含小鎮不上數十戶大
鎮不足數十男壤遍荊榛雉兎騁村稀樹植風霜冷美酌
麵水與豆湯隹飡麥包與蕎餅我恐鷹飢起飈輕委命溝

實豈其情請錙議賑從未亂救荒十二尤長平

春行西庄

我來三月之初四樹禿草枯黃滿地十家九戸不開門一日兩飡常晚食不得而已給牛種提筐攜筥皆前擁但分升斗見同憐敢將涓滴市私寵旣勤且儉老農醇掃堂燃燭知禮賓久藏佳酒稱醽醁復伸長紙索琅琅聯藉一幅紀歲事可知歡樂與苦辛

春行內河

春水流澌細且淺小舟風向波心餞嫩荇蕩漾細絲牽柳

帶揺曳修條撚沿河草色青茵鋪夾岸梨花白雪剪荒濱小婦捉蛤螺照見長筋雙足跣豈爲口腹急鮮烹易得升斗長宵遣我固垂憐亦生嘆大家金粟如山輦

晚過東庄

我省田東夏之深時爍白玉流黃金當晝炎炎不敢出微開夕爽乃披襟澹墨將鋪浮遠岫濃青欲滴染長林水澄波漾銀蟾洗風靜香廻玉粒歆遶路蛙鳴游杜曲深村犬吠揖山陰入門一浴心凉乍苦茗三嚼腸熱下淡影跡星氣徹高寒光片月天空瀉形休體墮一酣眠栩栩遽盧蝴

蝶化

秋晚浦城

沿江一帶山屯積雨後松杉色頓易細草蒙茸堆宿烟門雲飄忽馳飛驛我曾走馬經向年風光到眼須錢擲金綫栁下水盤桓玉笋樓頭天咫尺重來細點舊青山山青猶舊人非昔漸看暝色起江楓沽酒市魚遣今夕

初泊河夜

初泊河滸第一夜千流水灌雙溝汊蒼黃跡栁短篷垂慘淡寒雲低岫鴐颯颯風聲遍括鳴嗷嗷雁陣分飛下叢蘆

岸仄傍漁停擁被霜侵生夢怕夜深酒醒不成眠萬種愁思纏未罷

圍湖早發

夜爽沉沉羈夢悄榜人擊金呼前棹竹纜長牽手扳勞石痕雙齧堤根小穿檣淅淅濡衣寒括櫓呀呀擦耳擾幾雙白鷺没將沉一點青山飄忽了我欲乘桴探黿鼉南車不得何分曉

紀舟行

華檣春日生明媚短棹秋風增慨喟既嗟浩水泛輶毛復

訖狂風吹聲奪淋頭雨陣犯楊江撲面霜鋒浜淮泗烈火
湖中盜善藏大王廟口神滋祟滿溝崔鎮荻葦叢白洋皂
水波濤忌咆哮若犬司閘人猙獰如虎把關吏重樓叠閣
官槳撓浮山倒岳漕船刺更有貢舫雲中來千弩萬弓難
廻避掩窗屏氣怵惕過伏枕偷睛恍惚視長年也抱萬種
愁誰係風波一無事青樽紅爐煖閣中此景說來從不意

十四夜泊七級

岸上星牽岸下人水面波搖水底月挨次魚鱗下點蒿斜
行雁字按箏擫檣蹤燈隙影幢幢櫓淺波心鳴滑滑誰聞

玉甲攬銀箏競覓銅斗熨鐵襪萬頃玻瓈映碧空一派寒
晶浸白髮滿船難理雪繭窩大家都蟄冰蟲窩

孟冬廿六阻凍河西之張庄

地凍天寒景悽惻一夜孤舟前不得狂風逆擊眼愁開怒
浪空翻鼉欲勒北岸沙灘底淺膠南岸崩傾山倒仄勉向
浩流簸且顛潛心默叩惟冥德僕夫俱怨出門輕主人更
悔當初惑未經恁般死裏生那知在家即佛國

臨黃不可渡乃作五句體

黃河之水冲淮艚仰闚層梯上天高狂蛟怒鱷起波濤狎

渡長年胥咋舌遊子搴衣徒首搔

其二

黄河之水經霜漲蘆花沒穀淋頭漾堅堤鐵鑄還須讓百石洪弩力挽難弱海爲能鴻毛放

其三

黄河之水騰不測墳起波心驚兀特須臾平土黿蛙國日費縣官億萬錢功成談虎率變色

其四

黄河之水建瓴下地陷東南遍故野踶趹四出奔渴馬可

憐故道北生塵隣壑奇災波臣嫁

游覽

江元化別墅

斗尢城裏闢佳圃榴叢曲徑柳穿浦柳陰葉下游細魚榴花枝上鳴巧鸝前池轆通後池隄新荷移植舊荷泥乳鴨戲動波紋起翻出翻沒荷葉底荷開招我酌池濱半池花落紅浮水飲酣茶罷草堂眠頹然一覺晚風前

雨中望山

下雨開門晚望天天低雲黑雨風旋青松蒼栗攢孤巔細

澗長河瀉遠川南村樹隔北村烟上溪流漲下溪田登山
潦倒滑屐穿泛水滄波迷棹漩把酒挑燈坐黯然

道側漁者

輪蹄日碾成深坎漸積行潦水汚滿魚鰕鰍鱔得水生年
荒捉摸救死緩堪恨汝漳陸地高一望千里叢棘蒿何不
化作荆吳域千溝萬洫省桔槔君知陸沉形勢乖固寢魏
陵走陌街黄流失道南入海隋渠誤鑿北混淮涓涓不絶
成江河下者爲阜高爲陂千元萬會混沌日一坏安知不
洪波

黃河行

河身不敵江身寬江流不肖河流急迢遥天上星宿來萬折千廻北洮入自古商德數徙都何況奔湍常滃滃四五六月苦潦霖在在堤濱危岌岌決洙決輝又決邳掃蕩星威頹城邑廟社丘墟鬼神愁田禾淹沒兒女泣百萬金錢築荆隆芻菽工貲千僅十古北故道復久湮賈讓議濬謀不集且從下口排入海下口既張上口吸狂瀾投土闐精衛傷財耗丁卒無立爛額恩高公私窮跂望長干淚如霤

磨磐山

磨磐山上馬如鳥磨磐山下稻如草山上有馬人誰問山下有稻人誰飽棄下腴田龜紋闢生由荒荆烟火燎垢蓬憔悴婦與男顛仆牽連少與老殘筐破釜四團團如蟻輪轉磨磐道

金拱北招遊梅園

椒梅無園園亦小有園五十梅更少郊南園梅獨冠椒結亭梅間梅外繞贈人十里香風長占色三春艶雪皎花正開時人不來來時繽紛花漸了糝糝粉屑剉紅泥點點玉錢浮碧沼細落那知入酒甞輕飛有意從衫擾澄潭靜月

眼光花待歸滿白天飄渺

上巳登南山

拳起南巔空半築四山揖拱兒孫伏雨滿湖光瀲灎清千溪萬壑歸其腹流雲冉冉蕩青蒼野鳥嚶嚶弄絲竹微花小草踏幽香歸來新月寒梢木

春朧歌

春雨如酥復如油萋萋弱草露烟浮踏青拾翠逐羣遊勸君莫向古陌頭陌頭高塚冷風颸昔日朱顏今白髏昔日華館今蒿丘一生一死歡形愁人欲歌兮鬼淚流鬼淚流

今流且收行者役役埋者休尋春但酹爾一甌死歸且笑生或偷

杏花

石碑橋頭杏花滿慘白褪紅苦雨滃古澗山腰流水緩淹埋草色無人款誰采芳華樹翠館

清明滁上坐趙子新築

士人新築城北麓門迂徑轉中邃或白石朱闌拱青竹箭蕚繽紛蘭馥馥却值清明氣芳淑玉笛冰絲雅細逐花徑寘寘聲伴宿何知韋州與輞谷

罌粟歌

芳菲吹綻小園東零剪羅紗作繡叢煙柔露浥愛晴烘艷

粧深淺抹脂紅當午酡顏足睡起婀娜不勝風披靡繽紛

羽散彩蝶飛美人嘆息湘簾裏

登山

巉嶒屋後山徑窄雨滑雲涎涼氣擾與餘無事登峰頭一

躡峰頭萬山了星聯牧舍烟簇簇地湧江潮波渺渺雙眉

放處花鳥親寸曉開時郛郭小四海豈無合調琴千秋應

有同心表崑崙池上長荊坵閭闔門前成釣沼但須尊酒

莫教閒文木苦生天年夭

春上南嶽

幾陣濵濛飛細片樹甲草芽早一變潤沾綺浪麥加油吹綻黃金栁着扇千層嵐色簇螺頂一座湖光開鏡面掉來鳥舌入耳歡展出春容開眼眴道人扶杖茶一杯侍者焚香經半卷不問出家復何如雲鍾月磬長松院

玉蘭歌

長兄齋頭玉蘭盛開因出酒對月酹之歸紀以歌

世上名花濫萬餘我觀此花萬不敵無風隔院氣自飄得

月當空韻欲滴梨花能白不能香蓮花能香不能樹牡丹能樹恥鉛華梔子能香委道路此花婷嬝復婆娑千枝萬杈繁衍多味淸石碉烹蘿酌艷冷蘆江帶雪蕡更擅四時造化該蕊藏瓣底結潛胎氷霜鍊骨雨露潤含苞冬底芳春開開時見花不見葉前花未落後花接主人樹之供大年倚杖授書同花愜香透月宮丹桂連根隨華蕚紫荊貼戕一坐花睛輒眩碾玉裁晶紛片片愛花無計導花歡年

化下陪花宴

漾荷行

隋苑仙宮渺何域夾堤青垂纓絡絨湘簾四掛桂蘭舟玳碗銀鐺鋪華幅陣陣絲竹嬝音來玉節冰絃響啾唧蠟鳳行穿彩鷁叢青衫曳向翠翹逼千樹珊瑚波面搴輕勻畫抹胭脂色紅粧逗入百花中映水嬈妖一樣特雲鬟月鈿下巫峰栩栩蒐迷香冶國

晤遘

趙京后假寓

去止天乎烏前必絮梗鷗踪天涯戍盼斷蛟門風浪狂錢塘春夢徒啾唧挈家一艇載百口銜波千里十日走道村

甫入散星辰移火馬溪踈臂肘亡何遍地弄潢池潛跡城西野水籬水籬主人讓席枕危牆脫瓦風雨欺居僻無人生驚訝風清樹鬱消當夏耐心倚栁釣河濱灌輿敲杯酌月下耕築層弋何為者不遇知音誰我寫磊磊石骨耿耿心古人今日再見也

歷陽行

丁亥春游和城主一如禪丈文友武伯志　先大夫門人陶翊勳易陽生柴天羽咸移酒讌集

水廻雲繞望河東佳氣明媚浩蕩空天草緐木鬱青葱滿

捲繁華貯胸中烟雨連迷鎖佛籠下馬驚喜故人訌話别十年啼笑叢兄弟三五聚飛鴻吊前踪澤泣　先翁清齋曲逕懷悽恫四座皆避伯志雄旦懸滄海眼崆峒一吸醽醁響千嚨高騫孤駕摩蜺虹獨上翊勛霄翮翀美髯年少冠芳髮濯濯天羽玉晶宮呼騷斥史如驅童旭吹煦嚅陽生融羲皇之民愿且侗百年朱袖沉甘醴談卓論幻天花幪一如拈句笑冬烘咸揞黃金賽春風舉酒傳殆危筤饛月流天角張狂曹醉餘揮句戛玲瓏今日不出騳驊騣文斑駁甲篮飛熊追歡導樂莫教終勝如千里招郵筒揞偎

瘦綠與肥紅

山游歸城步龍典階月同葉應生因及含邑蕭子試

事

攜將烟靄歸城袖微酩低詠消昏宙下馬入得水晶宮草霜石雪何分究香停磬罷僧去廊一片清涼爾我受松下徙倚寒士立進前欲訴又屏後同宗誤襲阿弟名太守風波從天驟多少世間覆盆寃安能皎月當空叩

寫白仲調扇

有客江南旅江北珊瑚海底潛蛟鬬曦輪乍擁天開黒千

金一字易不得揮來手腕流殘墨蠹魚食之光五色

春同屠陳楊諸子泛河

一聲嗔喜河上游春水平橋漲渡頭聯檣并纜放中流細笛清簫合雅謳柳堤青翠草岸綠樹裏深門暗送眸道是桃源阮與劉不然何處來仙舟

讌集

林塘行爲曹公子

欲覓槃阿甑山有波漾烟浮吞八九紫芝靈宅崛肺丘青蔦仙嶠飛華冑中挺巨族顔謝家姓氏南中無出右應拜

鸞旋翌日郎鳴陽乃啓五雛文批勅清節却象賢招鶴養魚種桃栁仲氏乘風棲北濱季子捫天小東塿市上稱兒葜雀狂山中太史馬牛走嘻笑啁嘈皆吼鳴抹殺紙鳶與芻狗閒採蘋花供慈眉慣敲溪槳尋笑口雕窗透瓦案列峯文府武庫同雙酉所寶筆墨晉漢前弩發劍揮石不朽玉軸牙籤緗上題愧非長文善點剖風起歌長斛瀉珠舞袖揚衿廻星斗玉連鎖變入三絲甲肉停勻弄隨手一笛忽報月江秋松敲竹戛清無偶夜深飛落滿庭梅骨冷兔清傾鐺酒酒斟香冽紫油犀更有鑿齒雙鬟紐三川抵勝

平原歡傞傞那別童和叟乘風扶醉野鷂輕梁上餘音猶
繞否

天中節寓姑溪

姑城萬戶繁華節樹靄烟濃蔭萬陌符敘競插髻欄葉細
切蒲根浸琥珀湖海飄蓬締一家茶鐺棋枰日生涯箸頭
隨鉗百紋粽堦下亦摘五時花流水年光不再有身後功
名此在手黃金出沒總朱門白雲聚散一蒼狗江上清風
山上月縹緲清空指玉闕不從東郭乞馨羶何向西山覓
薇蕨

翊如金岡卿邀酌特出家劇

山眠水憇城環抱華堂燭焰燒空晝春風簾啓囀鶯鸝一部絲管清音奏啃栗石穿唇不撖嬝絡雲停眉欲鬬睛牽趣溢蒐巳馳最怪樓鼓報五漏

吳山子移席月下

今夕何夕風光好咲咎春旬八十了不用踏草與尋花舉頭邀月月出皎皎皎明月上柳楡甲閣名館何地無著族獨尊季子裔抱才早擅名世夫豪磊山子俗不伍進我流離之子載歌舞城隅傾倒台頭期座上差比桂與普勸君

休急竹帛名上疏銀管下班荆垂首御鞭馬足下置步青雲飛抑輕郁離横眼嘲湖海口吐狂談入色改扶桑未出夜黒沉大家登塲搬傀儡此時雲洗廣寒宫山寧水静樹無風花陰不比桑陰沃燭色焉如月色空我初邀月月東懸我既醉月月西顛月顛人醉烏鵲起露濡羅衣歸懶眠

七夕金祖香贈酒

天度三百六十餘參氏雲輅迓今夕萬羽丘積駕菸橋把手逍遥快今匹紵衣縞帶女水上道緣獨追晋潘實却也不係春杵交江左風流世外豪藻鑑不容淆玶琭賢班烏

許雜梧蒿名聞大族文章習無數鳳毛與麟觧一登再登
三五登榜上元魁如麻緝宣靖活人有司李累大吾門暴
公子乙燈丙夜劉向生霜畫銀鈎蒼頡死猶與白晳瑤峰
美贈我冰漿瓊玉髓處巳以朴醇乎醇應人之急唯且唯
即令養翮木棲時藉藉題吟播項斯假如讀書觀氣老也
若仁山出杏溪所嘆浩劫翰海沸萬彚皆枯人將物泰望
莫登武節休風景還如昔年弗昔年此夕坐綠野桂菊芳
馨樂容冶舊年此夕掛南帆繞匝投巢鳴鳴者鳴鳴今宿
河邊蘆有君相對感不孤光燼輝沉人醉散長嘆數聲好

夢無

醉席應王子

醉後索幅誠洒洒淋漓誰識揮殘帚眼花燈晃滿堂訌指字靖敷隨筆走靖有安止之小心敷則經國之巨手羨爾方春鬱李桃咲予帶露摧蕭梛敝裘那結黃金歡哭髩偏邀白面偶擊缶豪呼胡亂爲畱取他年資笑口

葉應生新遷載酒同張紹武因招家劇一演

主人春晝開華屋崇階廣厦燦且郁堂下盆蘭叢異花堂上烟雲滿古幅却嫌雅坐興易歇伐鼓吹簫舞袖綴燭光

燦燦閃紅雲歌韻飄飄飛白雪主人未官客復老爛醉肩扶笑欲倒

春日約白令峰眺

百丈城南起嵂崒飛來海上小崆峒遥炙春籭展化工主人爲引侯之驄蓋幢拂拂下星穹登巔一顧湖波瀜銀光雪液泛遠空河瀏江潮倒入東下峰萬岫列嶄幪小者如兒大者翁油油綺浪愛佳蘴菜花香送十里風草茵柳帶盡芳叢青華有意睨名公名公舉足躡華嵩望之天上仙人艟及今進酒飲須雄他日山城可再逢

酒中呈葉進士

河流如帶抱城眠河干美人養素玄貞意千尋貫白日熱心百折徹寒泉家世宮牆親俎豆畫字授書栁孟後壁光初剖風雲祥吾家兩季相左右春明并轡長安道摩篇擷句肝膈告媿我下負赤縣弩美君半曳黃堂導歸來風塵洗尊酒十日酣豪九日有花前燭下買歌兒他日勲名聽結綬

席上寄汪子

憶昔河樓深夜酌燭烟雨陣搖光灼翻來細譜入冰絃度

出新聲落銀鑿倏忽鶯花幾度年郵函獨倩客鴻傳平山烟雨隋堤樹醉拚黃金買笑船

海陵赴田守席雨徵矣歸則大作

華堂昨夜綺筵開天中有客聚星魁暑餘尚尋河朔晏更教雅劇佐清陪靜夜風飄海氣入疎櫺響遏江雲迴酒停移步歌聲息仰面長空昏不識玉宇波瀾黑浪生銀河慘淡青霞織既醉歸來浴纔已樓頭盆覆傾瀰瀰此雨那是自天來當是使君心上水向潤園林樹樹勻一時花竹轉容新且看環郊蓑笠唱我亦同沾甘澤人

宮庭常席上觀劇

颯颯涼生石上槐蠟炬金屏四面開綵袖遍依闌珊老寬棠奏自寧馨孩此孩豈眞蕊宮索呼之卽向繡閣來大者齒企弁小者髮垂腮養成薄面桃花似折盡纖腰楊柳猜細籟嫌攙絲與竹輕舞無沾絮與灰不甚慣時還見惜或畱笑處轉生哀貪聠那惜寒侵酒輪試還愁曉散鍮醉去搖搖蒐莫繫應喚羣兒入楚臺

寓滁飲湯令席

等閒易使良辰誤況經陣雨摧花妒昨宵兩部弄蘇崑今

日羣公競章賦詭笑直將天閽開奇談不怕鬼闇怖臨堦玉燭雜烟搖倒帋銀樽和漏洰醉不濫兮歸不能須教一夜千年度

稱贈

簡呈張公亮

羽中鸞鳳鱗中龍豈㭍細羽碎鱗宗荒堧冷渚江北子乘雲攀氣躡吳峰髫年執笏先生名文章嶽瀆大宗黌太上至老殊進易却非鎔句與雕字雪花星乳鬼神裁電掣靈轟兒女駭點我鴻爐半粒丹慧齒冷冷澆骨寒望巖崑崙

振敢近胸擴滄溟吸孰乾安得咒水攝五丁風雨傾囊括
其靈與之歸山偕嘯唱評月披風受無量

爲賈靜子

大琢不琢君文章大白不白君行藏落日長河古石梁天
角開雲去來翔世事漆蒙海無量與君馬首得控韁所可
道者言之詳

賦東徐刺史

烱烱元精東壁籙雪衣霞幬犀江曲江春雨樹千溪綠風
流五馬人如玉堂上晶屏堂下燭光皎腑臟寒氷浴女競

桑麻男競粟不識長人有亭毒我聞腹藪傲芸局牙章石帖古怪躅手揮口應眼輪矚酒中聖人尚書僕咫尺峨嵋隮霽旭一朝命駕攀朱襮

對張年兄鞠庵

聖人所取厥惟狂吾亦以此等分量奇磊卓犖絕物方天爲雙目海爲腸羶熱一吹六月霜羣書各史恣炊粱蒼生眼角輪苦忪懷清莫戀薜蘿香暫驅前駕離瀟湘

張季超索貼壁

瑩晶如玉不如雪雪比玉潤更空徹絢爛如錦不如花花

比錦縟出天葩君文五色花妖姣雕龍鸞鳳拙其巧君心千丈雪酒淡金汁瓊漿無味探一聲抒笑驚轟雷一息淵沉嘆死灰不識太濁風已熄但覺醇醲運自胎坐對三年失鼻眉睽離半里縈肝脾小乘不乘果不果大黑不黑卑不卑

走筆應長人

層氷沍雪壓襄注春風噓起珊瑚樹望之綽約渺人仙叩之淵渟備帝傅少年曾驟黃金壇刻藻揚嶽鶯萬顧練成冷艷與孤芳寒梅盡教桃李吐飽飧流瀣瀛東來天假同

堂充掌故

贈人

西風漸次贈新凉蕉葉心含冷露香流螢細逐花枝颭穿簾明月照書牀日捧仙函玉女傷珠璣爲唾氷爲腸

叙沈學博嘉事

世間好事難磨滅能有幾椿馨筆舌却見海陵沈先生家貧俸儉腸偏熱年滿六旬儼道容腹飽五經揮麈屑生鄉巢父仰風高職授儒官恥位竊出見賢聖坐不安入對兒妻念不輟千門勸募隨心感一日金錢應手挈工人騰飽

腹渴飢廟廡蹲雄身骨節方謂此中羅羣英豈期横攫禱書生叚吏獄中難訴剖孀娘水裏叫寃鳴都道切膚甘齰孽誰肯攘臂竟虎攖先生慷慨發大計典衣具辯力與爭務排毒霧青天見竟轉烏盆白日明死者復生離者聚歸來骨肉哭還驚只此雪寃保百命干城吾道大宗盟兒孫即不求因果孔聖顏賢鑒此情

贈星者華鳴玉

昔日朱門今白屋老叟炊待遊子穀舌掉長河付耳談物色風塵難刮月幾人能識顧希馮象緯山川羅胸中古來

談天話地輩未遇竟與土石同見子流離爲子解趙璧荆
珍徒市擺我且披裘而負薪世上只合權謀拐

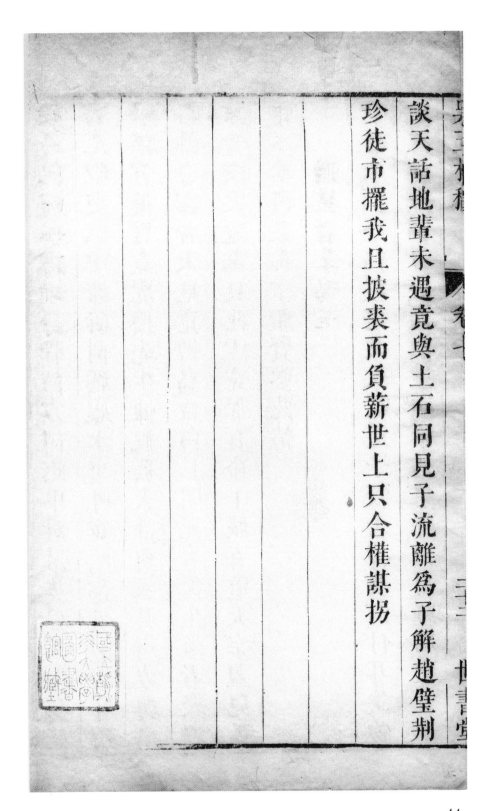

世書堂稿卷八目錄

詩　七言古

送別

寄候

簡鍾夫子梅城

懷慕

敘武子自其先世交誼　荅趙廉使遠耀致嚧

寄東念川張年伯　高太史南遊賦呈

寄吳江廳

九月五日東庄得玉隨都門捷報因憶往事

二月雨中念玉隨都門場事

寄李鴻臚璧雨　寄候張叔緒

寄候張季超　寄葉應生平凉司李

慶賀

來令劉梅峰曾攝滁椒成德之及舉次孫賀以兼祝

金冲玄四十　盛榮庭五十

徐子北堂五十　祝金含章

壽蔡鳳岐　李臚卿壁雨初度

彭敬輿偕壽六袠　祝金子彭太君

祝晉太交八袠　壽翁太母七旬

祝夏友又新　程翀南五十

題詠

小草齋藁　人日錄稿

五十誕日　閒居

腁傷四首　理菊

書堂稿　八目錄終

世書堂稿卷九目錄

詩　七言古

臨淮老人　輿人

里中　春過滁庄

揉麥　春坐寺門看賑

見蜈蚣去之　兵入山収鷹居人苦之

燒山　冬野大風

年廿七滁回以脱厰夫之役不獲

對鏡　聞灾免三分之一

京口　按牒

丁酉九月朔發棠邑越十六生日夜飲出城月下漫賦

大洪山　感賦舟發

戊戌初度又客棠河

歲時

久雨

九月十六日山庄初度眷孥遄聚

清明　癸巳元日

伏中　雨麥

秋抄　小雪

九月一日舟發

慨悼

客夢　先慈因慟而覺　內姪孫起龍病

年八日南庄視塋兒厝室

黎公守和城寇破闔門死之

戊戌再訪劉仲艮憶庚寅攜內姪子寓此時與雅塈

戴子有識孫子嘗欲寄問未果今適對之一慨

過侍几墳　道上見萬里孤跡碑記事

山花根

道釋

世書堂稿卷九目錄終

世書堂稿卷十目錄

詩　五言律

行歷

夏日村陰 二首　　菴寓

銅井　　瑞巖觀

歸雲洞　　眞河朝霧

濟河岸眺　　曲水

禾郊登烟雨樓偕兩季限十一尤 四首

觀賽

滁上同趙呂李三子移胡友席坐豐右石屏下舊名

杏花村有古刻跡

看春東城同兩弟限樓字 二首

世書堂稿卷十目錄終

世書堂稿卷十一目錄

詩　五言律

陳明六御醫　　對戴公申

候太原黄四府　　過沈安肅年臺

夏日對潘中翰　　晤張紫繍編檢

豐令顧澹菴　　泗上接李太守

呈高兵憲　　廣陵叙劉仲艮北發

晤劉建生　　對劉子輿偕

簡海陵趙二守　　邢關似周榷使

河上訪張戸曹　　寓舘東盛中翰

馮太史名集因呈　　寄平京張二守代

接謝元房表兄　春初過叚充南

陳葵之醽酌　寶邑晤王宰若

晤叙王右典　對李叔度

書中九疇扇　吳子子武來謁

見伯熊吳子　汪屏之舟游

舟中茹素對孫子　初發宿程子河居

六合省祖墓入族姪家

讌集

迎謝臯臺野望　醽魯極甫隱業

春初滁上同葉應生回里

楊子杰席間　雨中坐胡友齋頭一日

張公度過叙僧閣

陳未甚席上戲呈時在五日

春日雨阻西墅走筆應昆姪　二首

滁回蕭生款席

人日玉騆招飲有斐軒同長兄玉鉉依韻

飲江元化梅園　四首

陶翼勳見招同武伯志孫蘇隱并一如僧

約王伯卿陳未甚合徐子晉小坐
夏坐村菴頻酌諸席 四首
酌汪大魯園　山中看劇
宿魯氏山房　田居過張圖南
酬和
次達鷄店壁句 二首　即王䁗文韻書客扇 二首
熊太史過里出詩正之惠句和呈
次韻黄仙裳　次葉應生雨中樓飲
即金侶樵韻口占春野

三日伯兄載酒有斐軒步玉騧韻

驛中和壁

報國寺訪吳岱觀命和壁間 四咏

栢野和壁　次野菴壁韻 二首

依韻賦得隣鷄生午寂

中秋無月同李泰生拈先字

徐和守署後山亭限空字并用首句

元日得雨用李崆峒元夕字

玉隨自廣陵寄扇歷陽舉而步之 二首

董說自題劍侶樵壁韻

稱贈

滁上張圖南隱儒　書語溪姚舜日扇

贈雲間張際之　和陽按夏友

年姪白仲玉代　贈曹子師席

爲盛誠復道長　爲江碩甫道長

對汪子楮封　呈鄭士介年兄

送餞

辛卯冬餞計偕諸同人　一朱晉公　二朱守謙　三金侶樵　四孫熈公　五葉

應生

二月一日令公諸紳偕餞致謝 二首

沙邑遇粤叅李符嵎入覲南旋

寶北値徐致公假南　送邑令楊侯調閩

劉九來任唐邑　送韓爾清之湘任

剴文京邸志別　贈別王洋石世兄

送別馮五雲　夜送陳善百

金紫汾河干蹴別

歲三日玉騆山中同歸輒有淮上之行

畱別泗上馬子　餞張轂詒北偕

畱別滁守　清江別劉茂實

春游同林子山中時悵玉隨將北

北行過李臺使畱餞　初出親友郊餞

自燕同沈石友回南抵里分道

再餞張僕公北試　送張子入雍

世書堂稿卷十一目錄終

世書堂稿卷八

南譙吳國縉玉林甫著　壻金　鉞左黃甫較

詩　七言古

送別

寓和畱別易子

栁吐黃金草潤膏蕭居欝雨刺生毛故人肝膽締同袍堂上有虎韜堂下有鸞刀鸞刀虎韜久不用文章好付佳兒曹廻風大海飜紫濤更有玉姝工繡繅輕音淡飾舞簣翾憶昔先人種李桃壺樽風雨逐游敖可憐落花一去流水

滔感君情與鷄峰高綿纏江流汨淘淘將溯姑溪駕别刀時登翠蘿望南皐一日不見我心搔

襄濱行送楊碩膚邑矦

大江之北錯星埾麓者磽确圩者嶇黑子吾土兵賦稠昔非罷溺則朿撃幸哉關西之裔矦惠命于兹駐驊騮宮牆生色築堂廥講藝掄材寒士周旣備文事并武蒐重叠星柵駕雲樓呼梟逐陸屏俳優漚我子弟力田疇六言聖諭月令求孝子貞姬勤奬収呻吟便起大醫併不殺且活犬與牛駛吏如擒鷹隼鞲麋無侵粒帑無賕屯淸尉戢禁攘

搜年來百疹已十瘳歡有今日破唧啾官家亟徵卓異流
件件詳達驄馬頭佳名好綴珊瑚旒

醉別張叔緒

遲我光霽二十年下馬華堂高掛鞭一言道合不問旋翩
翩霞舉人中仙綺思藻論湧崑泉圖帙奇古堆四延爐炷
沉丁盤葷羶甘露酒家日萬錢炭威欺倒滴氷天帶醉揮
毫草七篇臘斷春江花鳥妍與君明朝割肚牽泰山可極
海可褰

滁上飲趙友隨別而北

二月二日飲君堂和風旭氣浮佳觴梅花潔濯拂衣香別赴雲山輙十日風鄆雨館閒思悉念君起居心唧唧果閒泰和君弗藥詩魔酒祟慣沈約更須萬事絕尋索山墅叢叢佳木攢河村潑潑新魚漫坐石斟泉好導謹

贈別梁舍人

出不成出藏不藏爲君岐路語徨徇十年名始噪雒陽一戰再戰弩空張避烽汴南藉浮梁坑落宦海黑茲茲雲翻土覆蛇龍荒飄蓬逐綆轉故鄉拍手燕臺鼓翼翔豈知國寶渺粃糠敝裘垢僕乞斗糧長安夜戸扣踉蹌一紙報折

新鴛鴦大者望爺小呼娘撫床搦枕牽遺裳百斛氷珠下
熱腸肯教兒女哭滿堂不如歸計短和長選顏調琴充由
房三年內裏走上襄綠衣皂襪擁珠璫莫須愁說薄倖郎

別胡子

先生之風潔且長磷磷白石晶晶霜先生之蘊淵且博滄
溟未可升斗酌前日聞名今接席剖奇決奧萬疑釋胸中
饒具別雲烟天高海潤今古懸我與君聚萍梗緣可惜臨
風呼去船盈盈江南一線水春樹乘潮千浪起丈夫知巳
貴知心鍾峰日在雙孔裏

韓二水年兄志别

太乙西來有韓子道氣干霄御椒里家堆尼圃青麟書身浴天池白鳳水悄思靜穆若無人捫日摩雲食虎兕果然莫羨萬戶侯荆州一識快無比

玉騧應檄之北

一堂鉛槧襲時羣名誤江湖不逮閒閒從池上吟青草窮向花間把濁醪孰意山公事一啓片函直下巖泉底鴂鳴暫解半枝棲馬首重吁干舍抵揮酒一杯青山側意氣無須甘沉塞抽簪縈臙黑頭歸重開綠野賞春色

金同人赴都

風和日麗春三月柳絲縈帶桃蹊越腹藏萬卷腰雙銅奏上春官庭首揭方今元凱起大家江淮藉藉名譽夸白門老社多顏色指日重開舊蘂牙

別劉興公回籍

小國何天大國屬膏雨豐潭霈浴沐千秋太守留芳躅太守有子人其玉柔善溫恭藹以篤得載見之光霽續不飲常如醉醽醁江頭分袂風帆促雲樹愁縈我心曲

劉成之飲別

七年不見江鷗鶴緩楫江風重展玩入城訪步舊園林徑
深草長門戶換一樽承向桃葉渡碧天水瀉浮雲泝聚散
完虧何復談明朝又問江頭路

畱別包雲門

江天聚散盡浮雲何幸他邦把臂君萬項冰壺淘質靜丁
層雪蘭搆思勤裁衣只嫁東家婦射石猶呼北面軍但見
立門環問字未逢寰海特知文問年亦在五旬六半百風
霜同草木笑尋敝履效貧兒憐子殘燈伴老禿抱蘊已知
難世工傳書猶賴有人讀揣將白首卧烟霞且把青樽伴

菊竹

寄候

簡　鍾夫子梅城　癸未

一顧千秋王氣地知巳此恩誰得二車騎如水簇秦淮片時片語肺肝記飄忽不羈三五年此中遷變各風烟涇里調琴姑息指燹門叩瑟且回搴造物愚公不可問彼此山中積書醞湖光天上每相思十望涵山不得近孤城集羽野荒商浮家家北復家南入有高堂出昆弟刺刺不能出戶絫今年又走燹西調得與大蘇小蘇劭且喜摩掌不讓

人蹇落其中一不肖紅紗照宮十年寡名淚長安空不下
吾家猶有一小宋未識同入春風者此道翻覆得傳薪四
海詞宗是仁人特徵明允語溪側薄試慈廉究水濵盤根
錯節磨利器丹篆黃堂佐循誌上觴太公下觴兒烏紗行
樂真快事敬亭高秀插峨嵋尋春郊綠撫雉麋負箙百里
延陵往指到江南柳似眉

懷慕

叙武子自其先世交誼

秦淮之水歌舞臺歌舞臺西雲樹堆古林幽刹嵋老梅梅

花幽馥古衲裁片言肝膽真無媒傾蓋尊人締陳雷句曲山中再追陪迨年辛巳博望埃扁舟明月天門開一聲清響江流囘風雨夜半拉崔嵬慰我離索鶯花猜翠館珠簾小天台復晤甲申初夏晐把酒十日聞國灾龍昇鳳馭閶闔迴無何鞠子泣哀哀弔往唁存拭髩䫀異姓昆弟一胚胎各賜寧馨幾俊孩世世與君相能哉感兹多情復多才江不涸兮日不潰

荅趙廉使遠耀致贐

此道賤幾墜于土何意淸曹解佩組大江秋濤正如虎錦

鱗翻溯雲中舞隻手下之天尺五此意和平神其吐風諸同人世將古

寄東念川張年伯

漢水譜翁未識荆雷轟詞坫耳平生湘湖茹博蒸大澤牛斗乳食貫元精所憎奇材復奇數所怪大實不大名蛟龍嵐吼奔千監金晶皓蕩偃五丁博浪七推兩中副夜半風雨來神怒壯圖將勃虎與彪中道遽捐騏與驥伯氏金壺季玉樓尚幸皎皎雙琪樹聚首文縧攻錦緗不減袞東梁太素白眉翹起仲尤良英華飈發冠羣黃汲冢書藏傳太

史草塘字貴世中郎青縈白髮聞鷄讀鳩杖斑衣看鶴翔天敎晚榮花甲湊且擁丹書坐笏床

高太史南游賦呈

其人其道繩繩緝孟之有匡孔有伋足躡東山德輝翩眼空東海文瀾吸東井老人飲上池乘風久與鈞天習玉署萬卷破石函金壺十年酣泥汁捧几伐鐘師盜陶丹陛陳書北面揖邦秋江上揩仙槎翰墨暫移西坦笈赤字神符馬鬣張碧眼精胡魚目泣鏡懸鬼膽虢若銷壁挽河流峭如立至今南國有箕紹周規折矩跬步拾箄補不在赫赫

功大柱中天萬千秋

寄吳江廳

江波明洌江樹簇春帆江上飄華幅歌鼓聲傳天門竹澄清萬里蛟鯢族翠蘿蒼秀堪眉掬觴我太白羆知夙二守太守真伯叔城塢桃花連蔌蔌江船載酒尋桃麓風流豈讓八公獨

九月五日東庄得玉隨都門捷報因憶往事

九月五日時上晡庄人在田僕俱出倚樹長天望㬠雲一函飛下投庄室啓知吾弟今擬科轉憶夏闈辦裝日一荒

三載困無糧貧居河滸門蕭瑟三游廣陵一横江白面書生徒踏䠥欲去囊懸内復顧不去年壯時恐失臨發東郊餞行色神猶快快口唧唧丈夫四方寧家老男兒半世無名疾况飽腹笥萬卷餘一字千金不更筆健翮風霜翰海輕驊騮蹀躞康莊逸努力此行解且歡唾手成來高車騁

二月雨中念玉隨都門揚事

二月霖雨苦綿綿天南天北應一天詹昏燈爍蔑將絕嘔血鑽思髮欲穿吾家子由亦居中登壇肯讓偏師攻羣驅定捉狂奔鹿仰茲應中高飛鴻男兒豈盡科名美不負

先入手一卷片紙天門下草萊青泉白石飛霞電慰我東庄搔白首出粟呼童換好酒

寄李鴻臚璧雨

二十年前鼓北翅猝投逆族成歡契風塵獨遂老騏驥復向金門接光霽初來迎賓席祖筵妙選清謳占絕麗贈之磁管出閩南温潤潔白罕所製時從月下一弄之若見其人五雲際

寄候張叔緒

瘠土荒耕僅望食前苦價昂今苦抑欲滌倉廚市麪裘舟

膠賈絕河生棘六載未躡金臺雲九秋漸鍛天池翼獨耽白雪攢絲稍那得紅窩暈芳色他時策蹇叩長安只恐入門不相識

寄候張季超

燕邸瓶樽日日倒甘露酒人隨晚早歸來家梏與俗絆苦愁不復知官好落得林皐歲月閒閒水閒山閒花草屢嗟蒼闕鬱彤雲更憐碧海斷青鳥及時勳業身手强莫等故人忽空老

寄葉應生平凉司李

理刑一官司寇同平反允駁惟虛衷下悍上威秦俗蒙綏
人媚人天豈聾聞君廣蔭若帡幪更多荒政起疲癃茹蘗
懷葵格上公人飽甘霖我清風歡謳十邑半堂訌切莫移
石勒崆峒千秋淚眼其雨濛

慶賀

來令劉梅峰曾攝滁椒咸德之及舉次孫賀以兼祝

天中淑氣鬱嶙嶒文星蔚向江淮蒸前十秋空驥附蠅花
衢捷足先我騰駐節八公山與登豐嶺鄰湖膏雨憑清風
爲友明月朋漢代良書二千能嘉與朝廷勸賓興縣懸電

鏡腹懷氷總無曲徑旁門升慈母良師共口稱祝我豈弟松栢承清白之吏鬼神矜烏臺豸省卿貳膺顧進一幅汾陽綾繪其富貴與雲仍

金冲玄四十

閬人萬輩無其全探之靡底陟靡巔五良之尤跨比肩佐考方伯勤甸宣上溯雲夢轄廣虔歇歷盤錯視揮絃邑有大政決否然胸秉慧燭口便便慷慨施予德甚邇未出管樂里中傳嘉平梅竹競霜妍我羈山甃夢臥牽翹首南峰集讌仙歌吹三日郎賀年轉眼春明奏獨先

盛榮庭五十

西山屼崪小崑崙土厚水滋擅氤氳世有潛珍萩苞鱗育我 太君德配坤伯仲季氏三惠温嗣姓濟濟標格存長公杰出大其門送往偕居仁義敦介茲半百里譽尊桃夭杏灼如火焞斑衣進酒樂深村大月莫向西山捫朝朝只看扶桑暾

徐子北堂五十

斗分發光停壽美更擷烏峰潄吉水吸發幽芳宜人出歎尊睦輩著芳軌成家堪配良相功勛見直憚嚴師理半百

竹松青且堅笑坐北堂視玄耳

祝金含章

主人歲黍千石有以十之三釀春酒堂上白眉超五栂堂下青藜驅萬偶書世大夫貯二酉納之胸腹號淵藪踏露冲霄占魁斗更有纖纖紅玉肘高樓繡幕雙扶手爲祝君齡九十九

壽蔡鳳岐

翁顏能令鬱者喜翁術能令仆者起所活寧止渡蘆螘三郡從之歸如市渾帝極毋將無底隱德升聞其賜几畱是

鴻麗孫與子衣翁食翁翁不已

李臚卿壁雨初度

所貴士之賢豪者飈馳藻發振戚里讀書善達古人才用世善浹今人齒我獨嚚君深服膺青蓮爲古闕里起額題清白烏臺門足踏崇閎金馬市風塵雙翼雲高騫日月重瞳天近喜鳴珂出禁騁青騮擲策登堂宴珠履叢垂彿彿半金釵階樹森森三玉李翺翔豈躡江湖勞沉淪何踽林泉指我昔從之感豹居我今儀之羨鴻止主不縱樂賓不歡男兒榮華幾如此

彭敬輿偕壽六衮

五色娛目始大白五味娛口始大淡所以高視傅觀人等諸赫赫浮雲暫而獨究心大經濟養豐積厚爲無憾曠交思邈踵鹿門偕隱吳水吳山探萬卷大父父奇書于我握劵于子勘縱之攬轡上國游博物知名學海濫况今天朝選雍才家珍廷獻非投牆朱衣歸御百歲筵載舞載歌齊眉瞰

祝金子彭太君

南峰崒嵂欝天寶鍾以世家賢閫老膝下承歡徐綺早烹

菽煮水玉門棗養生不向濃溫討寒甦古翠風光好年年
但看忘憂草

祝晉太交八袠

古者八袠稱上壽况有纓簪榮堂晝馬前華蓋倚烟黃架
上牙籤展文琇鳩杖無功不爾扶枰聲有韻聊人鬪草蕊
閒簪白髮巔錦綳喜惹青袍袖梅瓶椒勺共承歡繞膝綸
音期九奏

壽翁太母七旬

我昔觀海吳門東銀晶溯洄逆虞漴虞山蒼璧神圭鎮噴

礴醴芝氣鬱葱天曹禁秩葉累累飈標奎聚若今翁一門
德祖分四國一堂壽母齎四公四公一駕白鶴翔三執牛
耳鼎足同視草絲綸懸帝閣栽花桃李養黌宫天門臘甕
浮缸白犀渚春蘆嫩笋紅一葉輕艇曉扣閶祝慈七十轉
顔童導爾加觴須千盞明年御苑酉華騣

祝夏友又新

我駐犀江朔已再山烟江氣連霎靆時時把酒前故人破
我愁城分感慨十日常見日日忘十年不見年年在夜來
月明江頭發照入江水散明月江水常流月常懸清波皓

影何時歇

程翀南五十

律回子月轉初陽淑氣冲融野馬翔屏山帶水起華房且舞媥衣娛北堂左膝右肩諸琳瑯于今花甲望仕强隆隆家業振昊蒼載酒籌添海上長

題謹齋兄六袠圖

何處清幽來尺幅白石蒼松與翠竹古寺高林栖麋鹿散人居中同起宿以贈仲兄登袠六其人其圖皆不俗况有弟氏恭且睦衣必練兮饋必肉時當夏初花簇簇盆草池

魚景盤曲我來頻出家醽醁共坐卿杯闘道籙

賀趙次公游泮

我來便登君之堂堂有桐華併桂芳華桐種向瀛宮選芳桂移從月殿艮瀛宮月殿君家物架山充海富縹緗我再從之喜欲狂他年欲挽雲程客今日先交泮水郎

寓劉仲艮齋頭值郭亦吾初度賦此

清和之月日初長解維下榻幽人房撲案花枝筆硯香盆盂畫帖羅其旁歌聲笑聲流燭光天涯昆弟適同堂明朝舟車各一方黃鬚白面愧相當

陳雅生七十

人生七十古來稀或卽有之處亦非藏者桎梏行者役獨君高邁能知幾淸齋古玩排幽潔小院開花簇翠葳節矯世緣骨自貴腴甘道味神眞肥藏書萬卷兒善讀著字千秋人私淑不入市城誰吏官無修杖履姑樵牧時爲笑口弄孫飴亦或掀鬚捧巳腹乘此新缸米汁香賞遍含苞三徑菊

祝金拱北

我聞佛生誕光明九龍水沐蓮花縈應茲初度時長嬴麥

秋先至梅雨淸花甲員周又十庚滿堂冠帔和簪纓鶴舞童顏勸飽卿天倫之樂晝錦榮是亦人間佛子生

黃明卿七十

與君稱觴花甲前家昆競賦短長篇李紫榴紅頂十年堂上重開雙壽筵佳壻龍扳子鳳搴坐我伯兄席上巔酒行意氣與流連念昔姻誼匪強牽兩姓尊人豪且賢學徹星文才湧泉睥睨今古目無全解衣輒傾囊底錢齷齪冨貴泥土然世交金石由此堅有花同賞有酒延南峰聳矗襄流漩豈以新知易故憐

祝王開之學博

春光九十猶餘六畱向堂前件華祝銀杏森森聳碧霄朱檻灼灼攢金屋先生不是凡廣文丹水廬峰鸞鳳或三才羅其胸萬卷飽以腹來挹環襄起鯉蛟更登秀嶽裁琳琭一朝師席有蒲輪競看黌宮推炙轂

題詠

濟水行

戊戌春濟上有事于河臺朱夫子同人安復旦先至畱數日并纜南指命賦長篇紀之隨成百句

聽鳥題花情素竭韶華兒值春三月東風餌我上飛蓬斗艙悞入蛟宮歇雪蕊寒翻撲亂衣漢燈瞋滅投孤檝波滄浪沐四旬經露泊星眠千里謁謁我夫子弔且賀彤管悲沉玉簡荷鸞襹的熠霞冠榮鯨鬣潛藏海桂大久知太史熟河渠益念司空僥虞佐萬壑千洪沃澤區風景河干指箇箇第一風景太白樓崔巍碧落層霄頭湖光岱色檐欄捲繡錦金寵髩髯留我一目馳空曠曠少焉風起寒颼颼下有一泓湛且洌魚梭藻帶砌深湫深湫池上更閒廓千古風流詩句嚼緣堦細草想青氈杜詩原有青氈洗馬句

蔽檻羣花念銀鑿時見將軍來洗馬別無幽人住養鶴遙逞東行那百步梆隙松叢結小閣閣名宛在臨水央小橋雙渡矮磚牆偶拉道人攢晚酌歸循曲徑扳垂楊明朝好事挹浣水平地幽潭注髓漿兗泗直傾天底井洸汶斜汰城邊湯金湯古任擅大郡津門淮戶控匯近江干豎子縱駭觀海塞詞宗誇切韻游女久膺溪水思訪友適解剡溪愠與君徙倚烟水親到處登臨土俗問土俗相傳宣聖池刪述功高李杜祠長濟靈魚啖剩壘空橋皎月照虛幃停繇佛像氷胎冷閘上有石佛過式賢門血食滋有仲氏家

廟并族衆下焉壽添命藥衆林閘名蘆中可望救人痴蘆
溝池名蘆溝渺與瓦溝下白馬還援牛頭瀉瓦溝白馬牛
頭皆水名獨丘永鎮支祁肩堂畝前沉魚鱉舍挹來水櫝
衆湖交勢如建瓶台庄卸閘立三股東西分鳴擢揚帆晝
夜駕轉餉九道軍國脉會通一成糜海舶咆哮獨恠狂艦
衝從容偏爾旁流溏濯纓孺子搴裳從抱犢老翁負耒索
姑探斗牛泛弱槎且隨鷗鷺浮虛宅浮宅漸入董家口急
汎雖除洪濤有騰空潮湧天吳驕拍岸風號谷虎吼亦有
微颸緩曳時何異委佩安車走桃源乾窪淮源長濁水橫

擁清水偶濁清流合同趨海路浦洪澤鍾吾滙烏江孤塚氣多雄拔山猛業今何在胥浇寧少淮陰見德感幾見下邳宰肥水那續晉人功清江路浦踪無跡清江浦上流粉脂僻巷花間隱黛眉紫菜和調蒿麵酒青樓誘唱竹枝詞長者秘笈尋橋石王子仙舟訪鉢池樂矣平堂觴妓事快哉雲閣席題詩如此行樂時已非一様窮愁兩不歸把酒寫來腸未盡扯同紙蝶聽風飛

風篷水車

乃知人巧生天佚一輪八扇環相桔高下應手鬼神工旱

澇如心造化室因嗟世路牛馬驛誰能把定執拗筆此局推將彼局休後番儹却前番畢滾滾波流下海江賢愚貴賤皆走卒

鵠浴

嗟爾族萬爾一屬人喜爾哫惡爾浴爾浴未雨偏雨促爾衣白黑爾生明高巢食野風露輕爾胡濯濯愛太清爾猶濯濯人汶汶抗塵走俗不堪問比之貪蟲墮坑糞對爾凌波不爾韻

柹

我愛是栁條且聳不似江南多癭腫長干鬱鬱抗風塵秀
拔扶踈華葢擁夾壘雙行千頭卒戟交旟接相突兀挨攣
徐行軍中容簇簇齊插青天笏更如貴人丹墀裏無少跛
踦辱軒几雨露春榮萌蘖生卽在枯槁非朽死

古廟嘆

古廟不修修今廟古佛不裝裝今佛古佛有身手眼殘雨
洒水凌等糜物却從荒土經始怴燒磚伐木諶輝煌豈誠
乞士猛精進不建尋常建非常心高眼淺喜攘先妒他香
火佛誰憐君不見導娛致敬紛紛者背故崇新誰不然

寫張聖臨崆峒圖

先時門下濟濟士得其緒者輕千里儥山張子學無徙潛心篤嗜甚于髓　先翁嘗曰傳在此所嘆逢年多屯否于今四壁誠如水却向崆峒拾殘履不知羹牆有近旨何異授道廣成子

楊子素盆中紅梅拈戲

拳枝矮幹許尺五朱纓赤絡碎楚楚河光閃爍擁跦欄飄結流蘇絢彩縷却好當窗抹剪工翹柯辭葉春糯吐鐵樹迸出珊瑚花髩白鬚蒼顏去腐把酒風吹絳雪堆人是花

賓花是主

其二

不是桃夭與杏繁偏醉春風早燦爛綻英點漆赤暈珠含苞簇火紅洋炭美人曉洗挹朝暉脂粉粧調妒殺半怪他骨韻瘦清癯蜂腰蛾黛不肯換于今鏡影鬭臺丰要許風姿更互玩

午鷄

空山僻塢散村蹊濃陰枝裏隱隱啼山客黑甜夢乍提此種風味活天倪不是五更催馬蹄

雨氷

夜半鏘鏘響屋脊羣鵲啄粟來千隻淪下瓦縫破帳頭亂
星竄點投矢石我念敝廬無絮衾此刻安禦寒威侵秦地
去夏大如斗牛羊觸擊不能走殺盡田苗一無有天今化
作三冬雪人不苦凍蝗蝻輟

滁上寫似王邑博

樓在城中山在外山擁樓頭環如帶陰晴隨變山色佳朝
暮隨換山光最眼青看山山盍青青山欺人白髮侵不愁
有地無山尋獨愁有山無酒斟好把山山入酒擒山不在

眉却在心

滁上寫似王學長

一春輒作滁山想遠石尋峰繪諸掌入滁炎蒸患絆攖咫尺皆山誰邀賞所快居樓與山對四窗環列青葱隊松杉雲霽萬嶺開溪潭雨驟千村晦且將指點當登涉把酒森羅不勝接山不負人人負山等閒拋却烟霞帖

午節寫孫子扇

十年九度客天中蕭寺孤樓坐遠峰凭欄把酌臨長空撲來山色翠重重與酣擊扇呼雙童一曲飄渺入雲叢有酒

且歌興不窮獨負東園榴正紅

午日滁上雨中對白山公

客中恰值天中節擬向晴峰眺高轍整日絲絲雨不輟樓上山山渾難別榴花殘滴紅裙血漸片細咀白玉屑惱人佳令偏磨折天公豈是巧安設莫愁座上管絃缺茴歌處處人聲悦

方子索字

高樓結市長河干下臨車馬九曲盤雨朝山擁海雲撲春夜潮浮江月團風塵那得多知己握手談心成故里意氣

晴雲迴碧霄飛來五色堆盈紙

坐小舟漫賦

四尺横艙五截櫺腹于巨艘可千囊座榻几甕列其旁拳攣屈蠖困中央周廻曾不及方床丈夫坐此羞昂藏彼美樓船駕渺瀰鸞笙鳳管鼉鼓鏜請君勿從形勢詳一河牽斷北南忙昨日貴客今富商姓字那記馬和羊願將空眼破大荒天高海濶原翱翔

小石山

院井縱横僅尺六階卉盆花翠青簇小魚方坎戲鑿池中

壘紋石假山谷亦覺嶔嵜與嶙嶒栽成寸草和拳木新雨微零滋潤濃苔蘚纏延冷香篏扃戶憑窗閒裏看覆送清陰滿案牘

題去蟲子傳

紛紛慶弔環相使古來神仙能不死達人開眼看破之生固不憂死亦已金山銀窟蟒玉榮含笑而逝亦有幾君不見春徂冬長人事失晝月夜日陰陽乖荷鍤伯倫善廻避自詠元亮巧安排予未面君面君傳往者雷轟來者霰從今放膽醉鶯花七尺早卧長燈殿

題魚子山水幅

山壘壘兮猎以阢水淼淼兮洸以渤樹稠稠兮邃以蒼舟渺渺兮漾以滑溪澗周廻駕木梁藤蘿窖匝搆蕭房引泉石穴寒流汲合塢林烟翠仗翔中有幽人致殊别凴窗靜向巖雲閱花開冥壑樵漁知鳥噪空山車馬絶我一見之獲我心政恐入之入不深安得貼紙隱形術千呼萬呼藏不出

石虎行

鳳威一出羣鳥朝越河度嶺塡坍墝飢不得啄毛羽凋大

窊洼渥驊千里力殫筋馳汗血侈黃金駿骨呼不起長年水濱石虎蹲炎日烈霜萬古存所異銅駝金獸門爪牙嘗攫守辰昏

放蛛

何物種茲百餘子當簷巧綴湘簾裏營成絮窩風雨藏結就錦窩絲紋理我一見之驚攘攘曝向暘暄不捲起須臾鼓舞各東西敢是家宅有大喜勸君莫生覬覦心造化無情自如此

閒適

都邸初月

雨後病餘初見月浴粧新婦面微揭我固愛爾曲如鈎爾應憐我瘦似杌雲幔飄旋晶魄蘇水痕輕蕩風紋淺靜夜銀光皎徹膚間堦玉粟寒欺骨徘徊無夢入空房邀向紙幃伴孤歇

邸中對鏡

把鏡今朝驚陡瘦鼻脊眉稜紋新皺兩顴聳乾肉如削上下眼脬雙縫湊倚榻寒檠寂寞扃閉門水窖蕭條晝苦吟不是山陰景界痕不是文園袖擅盤或自急蠅奔稿木安

能伈鷄鬪須將病翮放江蘆并免蹶蹄戀棧豆

五十誕日

伯玉行年五十歸而知四十九年非我今亦如伯玉年何敢仰企大夫賢惟有自叙傷夙昔眈辛陷坎千窮迹野獵彎弓僅寸張貧家織婦勞銖積西風颯颯起黃蒿雪刀霜積襯面炙那向松濤與菊林圍爐煨芋濁酒斟餘春榮適期如願效入盧生枕穴深

閒居

有事賞心莫嫌少有景抒胃莫怪小地可一大隨種花樹

非三尺能吟鳥葵英紅吐茁磚生葡藤青蓋連簷繞輕風花上露滑滑朗月堦前水淼淼一枕槐南夢裏奢閉門無事深山窈

脾傷

入夏炎辰轉凄沴昨忽杲日今雲閉輕衣胃出感肌膚徵颯沉沉病苦吾虛鳴張腹擊之空瘦在面肢浮在中

其二

入過五旬藥石强啜未半勺神弗爽斷飲省內節飯飧排遣少擴臟腑寛可憐昔時呼百斗思肥尋甘不入口

其三

苦思傷脾古所戒每臨披閱軀如債亦有愁繁闕結時一二開言適與宜好學研精老原却與爲涵泳得大略

其四

貧是病根老是由漸漸微萌相纏糾風動雲翔嘗印證拾花候鳥鼓高興萬事一切苟完美不藥而愈吾心喜

理菊

瞥向荒園理荒菊蒙茸堦砌草叢簇含苞萬綴亂葉攢岐本千枝壓榦禿對花怪花還惜花豈知花睛垂我目短鬢

刪鬚顏古蒼榮華誰見挺樸樕但同朽質老蒿丘且買釀

米盈珠斛滿把濁酒觴殘花莫等霜風一夜逐

世書堂稿卷九

南譙吳國縉玉林甫著　晚學張宗仁敦彝甫輯

詩　七言古

寫述

五日坐　鍾夫子席時患耳痛

晴光薰籟天中節熒熒花檻撲衣熱石鉢碾就赤砂星金剪剉碎紫菖屑吾師愛我飲杯前謂子昔飲今胡然不服醽醁服藥餌枉對橊花今一年人生歡分難强度花發儘多當面錯滿席歌舞笑口開不飲胸如吸海壑

誕日自記

我今年亦四十七漫記樂天歌此日堂上二老拱木繁堂下諸昆觭爨悉伯兄五旬四霜毫點髩審仲兄長二庚顔色更如漆我亦英華漸銷鑠減飲省肉長眈疾身名塌翅金緋羞兒女叢跟褸襤恤荆榛難刈石硯田風雨不蔽蓬茅室老死充棟手殘篇經營慘淡何時畢若言天餓比齊田我今無庸得償失老面倏忽生色開竹杖芒鞋樊漁匹眼前白酒伴黃花且效香山解啾唧

村女拾菜歌用玉駉韻

春深二月景淒凉野色霜殘白間黃家廩官租并債糧顆粒如洗苦日長競掐荒田眼菹茳大男小婦攜鋤筐土堅苗屈草刺鏃筐未盈今餓到腸洗皮擣汁打糊漿稚子數起詈乳娘八十老嫗獨念禍地如不產死且速

蚕水

甘水蚕入水愈甘愈甘愈飲飲腹滿佳味爽口中腊毒艮辰賞心日影短不信宦濃休官難但看珍列停箸綏粱肉饜飫妻孥驕一朝飽死薤金盌分甘推美得久長告君市義有馮煖

捋稻

夏麥已盡秋禾遲一日兩湯飢且啼青黃不接情憭凄思量新稻捋早畦跣足裹巾下濫泥血沾指甲汗淋臍負來烘焙着火黃生柴帶烟鬱滿房堅者成粟脆者漿舂簸難脫嫩皮糠主人估計逐田走算收十升作五斗三番兩次仍費手奈何枵腹救八口

宿北三舖婦攜兩兒歸寧夜災閔之

昨夜歸寧今辰火三命合眼償苦果小家豈有重戶闔爲羞赤體不肯裸莫謂火性烈貞性烈于火灰飛焆冷火性

空干霄穿石貞性褁道旁枯隻崒唏嘘君子題之丈夫可

獨車牛

六畜原苦更苦牛事人飽人人反仇以之耕田苦百倍何堪萬苦役庄頭折來粱棟大榆枌芻把糧袋積如墳雨後大道溝渠横一步十鞭雨點勤不知此物因何辜斃倒開剝獻生俘靈蠢雖異命不殊一一鬼簿償豐都

汴南頹樓

巍巍蹲脊雲霄表參差迭出營衛繞洞窗玲瓏四堵虛露級岧嶤千層渺仰援焉有上天梯倒窺自無探井施大道

馬嘶肩鑰收黑夜犬聲臥更遶自恃金銀御庫藏豈料烽火氷山了貲財風捲兒女驅鋒刃霜摧烟火摽雕甍鳳雀紛落空畫棟林花灰飛渺至今房櫳窩鼠蛇亦沾雨露蔓蘿蔦絮縠不勾充寒椤土木焉能搆妖娆勸君且莫深嘆惜誅茅葺茨暫跼蹐獨不見天柱地軸解一朝石獀銅駝盡酒赤

對翟來熈話往

廿年前事未言埋偶坐微言寒髮指烽火千里倏百里城闕倒入無戈比刃交五內玉池紅號徹九宮金柱紫縛背

囊頭不放老摉盡筐筥恤懷寶平昔拱揩望戶親一旦
窮如風草間知從容就義者門前有喪不繫馬餘皆豕潰
與蜂奔踉蹌別地整風雅素車練袍山海人痛聲大哭呼
吾君耿耿㷡赤貫天真白晝黑𡨴開天雲

粥婦行

道旁老婦自賣粥稀汁小米充人腹輿人坐啖如嗽湯且
對老婦閒話讀五日大兵前徑行馬肥人強威簌簌甘黎
熟柿一摘空垂涎射盡村中畜鶩忽哭入內屋裏婦女惶
避恣綑幅并我種鷄和破衣攫去窮冬鉠被服見外傭工

夫送差風摧日捽沿途鬻淚隨言滴土難乾我坐輿中酸
到日

臨淮老人

臨淮野老對我言赤地千里無水援家家糊口愁不給催
輸丁課更倍急毎丁五錢餘顏料三分半派耗加科盈一
貫自丁措納苦他竄一丁二丁巳累苦三四諸丁空炕煆
無巳妻孥沿鄉逮柔善那禁羞澀耐泥門挐檐趑遠方骨
肉凄凉一處在

輿人

輿人覓一老人補我問老人六十數老人上山力如虎我
羨老人氣甚鼓具此筋骨免窮窶老人言出帶淚吐妻死
兒逃身無主一日不出眈飢苦言罷老人解衣暗皮皺筋
纏汗淋胶喘定半時面猶土我痛老人刺肺腑老人何異
牛馬伍盡是人父與人祖不蒙矜恤其聾瞽

里中

豆葉不黃轉遍青豐枝飽甲綴丁丁稻葉不青轉遍黃腊
竭膏枯脉已亡翹翹獨有高稗子朝朝捋食血盈指但願
手瘠充腹飢田中看看奈漸稀早知稗子蒼天宜悔不留

我佳種兒

春過滁庄

我有薄畝孤山麓客秋凶薦不十斛倉餘殘陳稗與蕘鎗鎗響殼中無肉庄隣僕僕走縣泣十日五日常乏粒老人風倒乳兒號百年人鬼判呼吸我不食汝我死汝我盡食汝我無處汝將視汝八口仇我指半百誰之求左支右吾散升斗糊得出門心轉憂嗟天降灾胡爲大兇復日出如炙艾火氣烟光春草隻殘陽西曝無聊賴

採麥

九九不雪春不雨乾麥田中不出土昨宵半鋤今一鋤登
高四望差堪覩楞腹饞膈餓眼穿青黃不濟誰救補揉簸
嫩麥打麥糊割時麥穗愁計估一石轉作兩石償更有麥
種須還主麥完又借插秧糧長月如何挨六五

春坐寺門看賑

我來寺門賑饑口雜踏囂騰沒分剖特約婦女從西寺城
市十七鄉十九肩駝懷抱手牽攜號母呼兒尋伴偶白旋
及午苦擠排衣破鞋丢那顧醜領得升合汗喘冲狼狽不
若富家狗安得赤土變黃粱人人滿給珠千斗

見蜈蚣去之

背山牆足濕淫注百足之蟲所盤互銛鉗金星額怒昂匆觸憤嘘擊無措亟命出門縱所去僕迂我乎恩命誤封蛇虓虎肉食人啐人號痛殺豈故抑知蛇穴虎攖山圍車却步寧遭妒自古莽蜂豫遠戒况彼懷螫隱忍素

兵入山収鷹居人苦之

秋凉露浥草木肥濵海鵰鵬望南飛彎弓跨劒爭出纖結伴十餘好打圍山深木古松風微網在山阿人村扉十日無鷹似鷹飢人飯我飯衣我衣小家女婦氣力微男子趑

荒去空幃汝啼我笑孰是非爾不從我看我威嗚呼嗚呼

鷹早來畱得斗粟與石柴

燒山

風疾草枯停不得騰高奔下墮轉反黄昏十里瞬一刻喬如朱龍戲虵蜷半天火城半烟國豈知寸草蒼天德飢男餧婦往匍匐賣換顆粒充枵腸一夜灰燼何掊克放火誰人殺人賊

冬野大風

古道輪塵大風起行人迎面抱雙耳層衣吹徹當胸裏澆

頭灌脊冷如水前月積雪深澗底至今磷磷骨鑿齒栗烈苦寒天至此踉蹌路人相披靡胡不閉門煨頭指曰爲口食耐轉徙苟可度活豈得已嗟嗟若懼凍死也飢死

年廿七滁回以脫厰夫之役不獲

滁如人首椒爲手以手捍首理之有一朝七百大難堪況經頻荒無升斗我坐視之鄉紳責三四往請米穀石爲謀甚闕三年前牢阱做成始命役上司秉心實虛公豈知剜肉醫瘡窮繕此情詞苦且忠誰人上啓九閽聰

對鏡

朝來把鏡不小可是我非我還問我昨年墨髮點銀絲今
春突髯叢霜褁我欲詈之詘憎多我欲鉗之法殊頗等閒
意氣死若灰疇昔英華發如火登場奮拔直穿楊入市觀
花羣擲菓臨車指顧途不逢荆玉題稱緣何左草木有情
挽綠鞭山林無夢排青鎖勸君休作老大悲萬物老大好
收果

聞灾免三分之一

自罹頻荒屬赤土貧家兒女歸他主蒿藜不飽措府糧即
欲不措苛如虎剛得衙官傳赦恩却遭籓使責刁論一請

再請時日閣欲下不下雲雷电原說三分趯窮骨反攢百孔肥私門嗚呼不如不報灾傷好一意葢輸聽死老申査幾番派金錢愚民沒處分頭腦

京口

昨聞江上噪鼓鼙制閫都戎壓陣齊艫檣百尺蔽天低散若鳥飛聚山棲兵去船來登岸堤市錢家廩聽搬齎兵來船去時已稽打草搜糧恁東西入門女婦難防隄況問室中豕與鷄

投牒

平生鬱鬱逢年字磨杵探珠原不易干事三思究狐疑未成一局終兒戲見獵忽動餘勇賈行庚巳到五十五頽顏牖下阻鬚眉短袖筵前效歌舞未知前路復何如窮賤愚蒙合命居朔風吹沙霜雪暗日落草黄起趑趄

丁酉九月朔發崇邑越十六生日夜飲出城月下漫賦

此日今年五十五蒼鬢禿髮人塵土淒凉鷓首浪聲長澎湃龍津潮勢鼓哀梆斜揠掮岸風疎篷點落沾衾雨城歸酒散更漏闌光生悄白河之滸呼童乘月載提壺市靜漁

停自作主沉江幾日報飛霜瀚海何時拔提櫓茱萸老折
菊花殘徒把年華消歲譜

大洪山

大洪山上石嶢嶢大洪山下草蕭蕭荒豆枯苗野火燒泥
門趑熟如奔潮少者擔負老傴腰日暮窮途泣且憔大洪
山在身漸遥歸來何日再耕樵

感賦舟發

椒里先生五十六欲出不出今却出洞卧榛披沙土蒙養
身只合飡參茯草枯水漲獵獵風奈何刷羽寒沙戍治裝

東杭獨殘書破落尚有三五篋雲飛孤影天冥冥何處深林藏穩宿

戊戌初度又客棠河

夜來雷雨驚深睡倚牀河側身幾墜晏起增京着故衣侍童請我升拜位我初那記是生日言之垂首慭然失雄心樂事一無成只有髩霜和顏漆昨冬冒雪叩燕門今秋卧浪泊棠村孤篷弱纜三千里漂劍零書六七寬再閱四秋花甲滿人生七十古所罕青絲絡酒摘黄花好向江頭自酌款

歲時

久雨

夏風冬雪景之當朝霞夕月與爲常愁煩獨對春陰久岑寂偏延客雨長青山凝霧隔桃花逝水怡起止半架屋坐卧一張牀曉扳不見朱軒驟晚窺不見氷輪翔窗紗蜒濕柱生耳階級蘚蒙石吐漿誰排煖閣鋪揄榻獨擁沉爐煎玉鐺雨聲啞斷笑聲續風影搖零燭影煌燭影笑聲沉閟閟莫知曉晚夜何央

九月十六日山庄初度眷孥適聚

忽忽今年四十九無事山中一閒叟山間秋葉黃且凋颸
風颼雨連山吼居僻山塢少舍隣布菽妻孥真八口匹馬
猶子自城来潦倒衣裳趂聚首整桌掃塵點木檠烹鷄燒
蠏㑭村酒淡薄莫辭草野攢波查何似江湖走去年此日
廣陵濤前年此日姑溪藪佻佻負擔雲外僧慘慘蓬鬢霜
中栁旣闊瘠田供飦粥且環拙子延書肖歲暮無須蹙悶
眉顏衰合與聯歡肘

清明

眼倦塵沙晝昏走輿人贈我一枝栁報說今日是清明年

年鬓側必須有怪爾偏向邸客青想時亦與閨簷秀柔條
翠葉含乳綿插向蒼顔羞在手不如同付道旁花桃零李
落問酒家沽得百壺今夜醉清明也覺到天涯

癸巳元日

一朝半百庚添一閉戸空堦問上日經營瑣屑蟣虱羣骨
相牽强牛馬走淬鍔磨窮賤赤金征裘脫盡循黑漆不愁
解綬負纏腰何術分囊酬逺膝辣酒辛盤未盡歡且收舊
冊開新帙

伏中

伏中炎酷堪炙手夜氣平侵日氣陡萬里飛烟合地轟一天蒸勢從空鬪園林爆炙木葉隻海潮煑沸龍宮消嗟乎我苗誠哀哉四十五日雨不來

雨麥

霜氷未泮春寒吹淋漓二麥苦殘累朝看暮看漸腐根十田九田總沒糙算來不是靈雨零一點一滴傷心淚

秋杪

稻黃蟹肥時所該秋風獵獵穡事催江洲河渚水滿白窖蘆叢菁隱漁客攫得黃甲滿竹籠禿髮短衣開笑孔偏摘

長臍易市酒歸來月下烹所有穩濺爛醉聽長眠何處官
皷發樓船

小雪

北河氷信從小雪便是逡巡必應節朝起寒侵報萌芽浴
盆唾沫生硝屑漸來櫓柄玎璫敲細累船頭琳瑯綴兩岸
平沙鐵版鋪日出舉足翻下折焉知大地恁苦寒重衣增
炭難分褻

九月一日舟發

去年此月循水濱即是南山登高辰今年此月水濱尋黄

花初發九秋新露濕黃花挹沆瀣秋逼南山連𩂯𩃎撇向波濤汨年華竟使風霜銷梗槩洄溯萬里未停帋輪廻蹙蹙馬牛役江干河滸漂泊中絆定寒水孤篷客

慨悼

客夢　先慈因慟而覺

十年夢中嘗八七悲哉此夜尤詳悉家成辛苦費籌籌病漆清瘦甚筆筆風波江上牀榻驚旗鼓灘頭七箸失眠蘆飡淚擁兒歸慘慘陰雲起六日苦塊黃昏烏鵲喧長流遶墓聲啾唧

内姪孫起龍病

嗟爾父亡母又背一弟分飛雁各隊煢煢少我年數倍後車載之飲食誨北從燕水南江沫鞭霜篷雨同明晦箠墨頗工擇以配廬畝少扶流離糜區區此心伊父對且珍汝孱體毋俾我心憒

年八日南庄視登見厝室

八日爲穀驗時庚我行南郊豈省耕擔榼載酒野氣清入門鷄犬寂無聲田主已死婦外行蕭蕭瓦爐伴木檠杯行箸放淚暗盈不起長眠年少生可知空幃去惸惸

黎公守和寇破闔門死之

欃槍西指彗妖生蹂秦潰晉遝襄荆所至城屠堅必破艷麗馬擁屍縱橫中州掃盡類亳迤一夜高樓焚萬人掘陵毀廟鬼神泣何惜刀俎冠帶倫得志長驅逼南來瀕江孤城攖敵臺慘慘凶雲連天覆轟轟戰鼓并地摧中有勢貴指使撓羈入死守却縋逃哀哉太守神愴惻孤撑援斷向誰號一聲城破哭震天蜂攢鷹擊市戮駢太守整衣拜老母毒刑須避請梁懸復牽二女併妻妾完璧歸陰瞑目協手刃雙喉書高皇甘以頸血洒城堞臣力既竭臣分已可

憐四萬生靈死壯哉大守心鋼鐵一刎再刎氣乃絕英魂烈性凜氷霜滿腔抱赤千秋熱直指來吊淚如麻上陳天子卿貳加忠祠荒建北門側冷露淒風起嗟吁于時表章前忠懟怨憤沉幽誰上引每一追述鼻悽酸至今雙目城頭眕

戊秋再訪劉仲艮憶庚寅携內姪孫子寓此時與雅竪戴子有識孫嘗欲寄問未果今適對之一慨

解縣華館九年前竪子彬彬象主賢我有內姪未及肩與之筆札締文緣臨風屢欲寄心箋一朝弱草縈霜煎復經

舊楊景宛然一生一死隔九泉聊以此句代拳拳浮雲聚散視江天

過侍几墳

大麥未刈小麥黃爲省薄畝心攘攘淫淫漏雨弗登塲老農唏嘘同我腸孤墳半瘞瞥道旁新乾白土無草芒成人看爾爾遽殤憶昨冬初過此庄乂手數里趨且蹌入門酒掃茗冽香數算歷歷陳之詳自今野蔭遍麻桑掯顧無人意徬徨我欲呼之杳何方閒雲浩浩水茫茫

道上見萬里孤踪碑記事

何處孤踪萬里客命殉疆笠抵六百首赤濺衣血跡淋仁
令聽之心如坼嚴劾淺瘞大道旁口風四傳伊兒娘或來
褁屍歸故鄉還搖冤帛轉中堂露殍年餘不得已壟以深
壙并祭壘容狀年日勒諸碑題曰遠人無名氏可憐此恩
黃沙沐那能歸瘞狐丘骨至今天昏夜黑時咿唔猶作壁
家哭我念征人曉夜徹穀則同室死同穴幾見馬革踏沙
功徒使烏喙恣野啜劫來生靈遭屠虐俊兒嬌女戲鋒鍔
生長漢水死塞烟并誰収向京觀壑
山花根

年荒長日春難過況乏里賑與官佐欲趁他邦畏無糧欲鬻兒女捨誰箇近山傳有山花根擠飢曉起鍬鋤荷荆針蒺刺石嶙峋掘不數根指尖破㬋風扳鑿裹血挑歸來淘洗投杵磨楞腸盼斷耐熬湯不嚥難將乾火唾遣了今朝又明朝明朝陰雨愁卒歲

道釋

爲達生僧叙

十五年前此讀書寂客蕭僧冬暮餘寒更破壁偎飢鼠冷火殘檠聽擊魚夜半書停經亦歇爲我煖酒出蔬核三杯

尚戶嚴霜飛半枕銷寬短被揭蠅奔馬踏風塵老歸來一事無能好樂得空門時一過浮生暫許煩惱掃

閒館

張美人善音

越曲吳腔搦小習十年學成羣叙泣長安匹馬公侯拾一回風雨寒瀹瀹明朝何處尋珠粒

附六言

流寓

囊橐飄零漸了襟懷抑鬱轉小妻孥三病兩瘧音信十傳

九杳

陋寓

薰風不奏蓬掖苦雨偏淋茅脊無酒一宵莫眠有聲四壁

嘗繹

乞巧

常宵顧盼多門今夕鑽研無孔應是天心秘密盡教人事

懵懂

七夕無月

一派銀河滅影九閶玉宇韶光未知鵲毛塡蹬先教蜃氣

成梁

其二

一歲徘徊七七兩心邂逅雙雙恐驚天上環佩却鎖人間戶牕

聽孫子驢上弄笛

傳腔任步高低按耳隨風續絶鶴唳空中亮清雁聲夜半淒冽

其二

欸乃新調妖嬈造出餘音曲折路人箇箇回頭村婦惺惺

咋舌

黄河舟中

三河二月輕出千里孤舟獨行半夜檣間風色五更枕側水聲三河淮黄御也

其二

紅杏前朝爛發碧桃此日濃開春缸廻避花塢寒食依棲水隈

河月

風定一函寶鏡槳搖萬顆明珠談心江海逋客顧影烟波

釣徒

其二

地上疊成雪浪杯中漾出銀波長空皎魄差可孤夜寒光奈何

秋迎大士東城樓上

木氣逢商多伐金風感候常疵員音廣佈能徹甘露遍洒可彌燈散千門兆瑞香飄百堵迎禧青蓮空中現瓣楊柳天半垂枝

醉翁亭竹

匝塢叢生嵽嵲插天矗上琅玕氷霜三冬來綠風雨五月凝寒翠袖慇懃扶遍銀鈎刻畫題殘于今七子沉沒惟我半老盤桓

江仲艮五十

風火旋輪大千鶯花已歷半百翱翔雲物是家瀟灑江湖惟客黑髮暗中成絲黃金轉處失魄直須對景懷寬焉肯逢觴量窄

春陰

雲壓巫峰千岫景殘白日三春長林桃凄柳淡悄室燕懊

鶯嗔誰鬬牧童芳草那尋蚕女香塵好對踏青鞋子徒單
戴白老人

世書堂稿卷九終

世書堂稿卷十

南譙吳國縉玉林甫著

兄 國鼎玉鉉甫　弟 國對玉隨甫
　 國器玉質甫　　 國龍玉騶甫　同較

男 登民　前民
　 鉅民　章民　同輯

詩　五言律

行歷

安肅城外

遂城臨古道突兀幾殘楊有地沙皆白無霜草自黃車轔
穿莽跡鳥啄印氷塘蕭瑟行人意歌來或楚狂

沙門站

塵沙高四塞引望竈烟無桃李荆榛襍垣牆風雨孤霜碑
跛廟殿昏壠嘯豺狐誰實司流著招捄尚早圖

衛郊

孤城臨四曠荒野值三空土薄囘春緩沙高變日紅淇流
長飲馬周道競張弓庶矣何年奏依然大國風

貞北

朔漠回春日何堪寂景陪踈林聽鳥慰倦旅觸花開未訪
天靈閣徒思釣海臺頻宵佳釀少那足大鰕杯

眞定野中

冀北西成候黄雲啓上祥滋原勤播種溘露待垂鎡野學
炊麻飯村能釀棗漿芻兵餽供億差有禦冬糧

栢鄉

月夕孤城慰瘡痍感昔年坊推題姓柱地踏畫樓甎掠子
他鄉壯孤墳敗草闐可蒙當道顧加意在生全

濬縣

巍城環水築一派碧波牽盪槳搖樓影暝艣聽漏傳徒懷
天聖跡莫覔紫金詮湛爽秋空裏清光恁箇緣

李家道口

沿河稱沃野一目景蒼黃露飽棉桃纍耕肥豆甲穰村樓
齊木杪驛路飈塵揚老死忘遷徙葛懷倘此鄉

過河上

睠此飄零苦相牽籲告窮沉泥炊傷岸編草屋撩風殘喘
憐漚泡紛羣散雁鴻生涯何處有水靜見星叢

抵大柳驛

踰山停古驛景物漸趨南路間青楊柳炊逢大米餧鄉閭情節熟風土寢興甘或說秋無雨農思又弗堪

東葛道上

冉冉連雲樹繁陰慰客征炎途趨憩館落照射孤城嗔合千巖暗潮高兩岸平幾年烽火後歷亂記初程

過六邑

再經鄉土過雲物想依稀散水環橋柱聯舟合市扉雨催秋稼熟江入客魚肥河館初彈調臨風落素徽

過寶應

堤築千門險城臨四水孤春深青見栁潮漲白沉蒲捉網

環金擊行漕集柁呼風高兼日暮那禁撫霜顱

過涿州橋

近輔畿南地車騎載驟駸成功虧一簣佈地各千金勢滙

平原漭源從范水深壯哉前督亢猶見入秦心

任邑早發

鄉覓方熟枕就道促聲頻月閉輪蹄亂霜加裘帶嗔聞鷄

穿遠樹乞火斷踈隣酒舍猶高卧誰扳早路人

山行

霽後山嵐淨韶光蕩遠空岸懸援樹覆谿隔待橋通菀御

承朝露疏苗納午風江南春不遠可見若耶紅

曉發禾城

星希天近曉羣動覺攘攖河店分炊火樓船發鼓聲霧濃

千樹溼風順一帆輕波光蒼浩裏寧解異鄉情

山行

獨行時正臘凜冽禦何憑鳥怯爭扳木溪劉澌護冰穿河

撐石渡踏葉緬山登煖閣深居者經冬似未曾

永邑

荒野寒宵日風情可似家園爐敲局子戴雪訪梅花酒歷冬餘窖朋歡歲聚賒路問饒聆畧卧土與飡沙

渡淇

北流多涸濁俯首獨兹誇徹映雲畱影清澌底現沙穿橋分碧帶渡馬散圓花齊齊鬚眉狀寧毋近水涯

會亭朝霽

春原經雨後景物放朝盱熠燿村中火玲瓏草上珠雲開辭岫駕鳥醒逐羣呼老大頻搔首衿裘却慰吾

山冬

巖壑棲遲晚節華歲序闌瀑流飛雪氣凋草點霜斑風過
常依樹雲移不去山將陰先鳥覺啄食帶昏還

其二

曠境山居息空山鳥類多花依懸壁發氷聽暖風磨濯足
尋磯石寒衣戀樹蘿一身隨處寄嘯嶺與吟阿

早發大村

亂後懸村皷更巡孰與分鄉寬千里散馬足半宵勤野塞
黃沙焰天鋪黑浪雲臨岐旋失路幸自負薪聞

延城西墅

昏暮城西卽烟鑪四五依夜深人露卧門破馬宵飛上食三飡麵奇溫百結衣莫逢斯父老傷感昔兵威

早發衛北

早趁鷄鳴起關開驟納風霜威臨曉勁月冕望晨濛野木三株少烟廬四壁空蕭蕭經馬匹徒自首飛蓬

曉行宜溝

近曙旋牽轡沙烟四塞堙草平白似水樹老禿如人夙霧村樓隱荒田麥雁迤依依含絮柳獨向客眸親

伏驛早發

市門昏夜扃殘驛斷更敲古寺星垂角低雲樹出梢鷄啼
循眊舍木落帶霜巢顧影增凉踽徒膺老大嘲

水河舖早發

跋涉途愁遠登程趁夙將輕風摶霧陣淨水媚天光村影
沙邊出蛩聲豆下藏蕭然行役意七尺負蒼蒼

儀封南野

蒼黄秋色變野望競相深官栁披成陣草蘇樹若林宵鋤
勤曝笠夜杵急霜砧不識征人狀皇皇載騾駸

野雞岡夜發

夜景沉沉息征夫促夢中村荒人未火寺遠磬隨風誤曉
瞻星點牽寒過柳叢行經三十里海曙始升曈

發宿野

復歷荒崗上何殊塞草賒連朝常冷露千里獨飛沙火見
逞穿樹鷄啼隱認家跡星雙鬢照那復禁嗟呀

陰過連城

宿陰仍未散客路苦瞻頻海氣蒙宵月沙威褪草春撲衣
風下葉入眼馬前塵猝遇擔薪者勞勞共憚人

淮城南墅

淮原古澤國竟爾失膏腴驛敝催馳馬洲荒散浴鳧魚臺

尋蹟杳雲石探山孤何日周恒產游民斷六蒲

儀河舟中

暫脫鞭鞍累烟波豁此身暈牽楊子月潮上石帆瀕近柝

居非俗能漁水不貧風輕成羽勢纜解夢猶循

舟發棠河

豪酣頗性素作客與偏睽弱纜維殘栖洶濤觸險堤三秋

寒幔曳千里隻身齋莫問長河狀門前路已迷

夜泊泰郵

洪流牽重負顛仆浪頭迷漁戶擔窮美鮫人坐苦啼寒星
千樹迴浩水一天齊况屬扁舟小愁來不可題

藕塘道上

行行山不盡處處意堪畱濡澤犁爭勸谿田播早優泉流
青石潔樹擁綠陰稠更有繽紛景桃花水上浮

延野

大村巳北敞沙坫更西荒晝閉烟炊室草驕雉兎房投荒
修饍苦傲雪騁弓張日暮孤行客能無顧影防

河中

水城秋色碧一綫轉篷窗烟懶貪棲樹潮狂競入江開帆
疑退岸側日晃孤幢何自深蘆裏漁翁笠共雙

晚渡采江

落日江流蕩蒼茈一片尋水花乘槳出夕景向帆侵山近
雲投案風恬浪豁襟錦衣人若在千古締知音

濟陽行雨中

荒原行益遠風雨怪昏擠吹颯遝楊慘遺攢露竈悽鴉尋
村遠近花落路東西潦倒投茅舍淹淹待燭提

麯與曉發

月尚殘隅掛鞭從晰裏揮村疑跡密見露認有無飛愛靜
人同夜侵寒體再衣風霜頻閱歷那覺昔顏非

曉野

片月初西斂餘光散四陲春沙調麥性曉露潤楊姿樹靜
栖禽穩星微策馬遲蕭蕭林野曠閒適亦幽期

午風

近午風威陡颼颼夾耳狂塵鋒堆樹白日暈蔽天黃橫海
迷精衛驅車陷大荒愧非滕閣客何敢借翱翔

早發固鎮微陰

微雲河漢遶俛首重俄延廢驛停官皷荒年斷市筵南飛
烏少匝北望斗孤懸幾步雙橋外荆榛滿石田

晚泊六合城下

弱纜牽長水居停望眼勤榜人方夢穩地主未名聞剪燭
流寒蕊推篷轉黑雲一帆千里始老大自傷羣

其二

一夜樓更轉半空風雨旋溼從窗隙入寒自水邊牽繫栁
思掄釣逢村欲寄壓蒼葓無盡望誰與締方船

河上轉陸路歸

往復沂淮上辭帆輙跨鞍草霜千里白雁水一天寒駿骨
埋將朽修容瘁已癯蕭然索意處古井應無瀾

風沙

曦光頃晝掩馬跡錯東西飈狂飛雪亂野塞匝天低衿帶
凝鹽屑鬚眉着佛泥仰空君一問事此可栖栖

廣武山中訪問道謁　先隴

履節他鄉久歸雲望眼窮山高霜益厲徑折樹偏叢獨切
瞻烏願焉忘導馬功明朝雙石下好謝便東風

磁北禪菴避雨

山門臨大道流水沓輪蹄徑樹殘還植簷詩洗復題兵來撓鼓鼙農入話耕犂幾得禪參定塵擾聽不齊

春初滁回

依山行不倦淡景玩無窮臘樹開新爽寒塘漾午風一年人事始百里物華同自得心隨寓寧知造化工

冬菴

市遠村稀處憑幽結嶭提霜林餘葉掛昏殿冷鴉啼薄雪峰尖冒寒流澗底澌塵緣催歲暮聊息此栖栖

游覽

望方山大士菴

何從選勝地得與天臺倫兀嶺堆金塔懸巖吐玉津扃關
堪謝暑種圃足糊貧勿問巢軒氏先將脫跡塵

河上

蒼涼河上水萬里衍星墳華嶽峰遥出中原地劃分有無
村廓樹斷續古今雲陵谷多遷變滔滔正孔殷

衞庠

環轍遺風在儒宮豈即荒星垣原鎮壁地踞故全梁玉柱
千峰拱黃河萬里翔表章前澤近三復訓心臧

望輝邑諸山

崛起崇巒勢巉巉亘冀封門泉流作帶柱石踞成龍鎮瀉分漕沐跨疆襲邶鄘名山河北少遥望欲畱踪

文公布粟坊

艱難避狄日三百且盧漕兵華徵盟省桑田勸課勞木瓜懷德報大布軫民膏伯烈餘威在誰人問赤刀

望西山

古圖開八境蒸變著奇聞迎爽千峰雪垂陰萬壑雲玉泉傳駕幸黍谷憶吹噓緬昔蒼凉色徘徊未忍分

英武衛

伍籍凋零極西戍歲復凶暑流千洫斷草蔓一秋壅孔道
惟馳馬官家絕素封哀鴻何日集徵比尚從容

龍興寺首望山

石級憑高立青山到寺門栢花霜後墜草蘗土中翻暖日
宜休馬清流可泛樽與言神已往焉得作家園

過翌然亭故址

徑轉巖峰入殘碑具昔形霜囘山漸醒火逼野逾青車馬
浮雲換耕樵憩足經時時人載酒芳草識居停

其二

山空春寂歷淡靄四圍平石斷㡬痕在臺荒舊蘗生居僧閒拾藥流水細敲砰日暮懷人遠聲聲聽鳥嚶

春陰登錫徧閣

河閣凭高望天圍霧匝齊千峰攢渺末一水迴長西徑滑行踪少烟沉樹杪低三春奄已盡終日對凄凄

省田

稼穡垂時急相將玩物生臨塘分宿藕倚樹聽遷鶯草潤芒鞋穩風徐油蓋輕行瞻兼坐課敢謂職公卿

夾山館

近里山程僻崎嶇聳並肩泉深茶味冽雨潤草生芊峻嶺
先函日岐峰竟界天初炎長晝困一沐好酣眠

晚過山後

日夕經山塢幽深別有天紅雲織紫霧白水灌青田落照
懸林杪凉吹滿屋椽草玄亭未設亦自適瀟然

春野

固有幽芳與陽春詔更賒紅桃間綠柳曲塢繞深家有舌
禽皆語無名草亦花平坡散牧處閒唱採山茶

庶子泉

滴水懸巖乳鋪苔染壁衣樹欹偏耐老魚壽豈求肥遊換人今古碑猜字是非滄浪清可濯能不樂吾飢

高塘山墅

雨暘天弗若聊與踏高塘不耨田將石憨眠地且床山深懸小月林匝出新篁猶喜停更吠村醪豈擇嘗

城樓晚眺

凭高聊送望暮靄變秋空市隘燈將合橋虛水自通孤鐘林寺外片月海雲東鳥鵲羣趨樹安棲興與同

野霽

頓豁冥濛象晴光乍見今山嵐爭弄態野爽快披襟射日沙汀白穿鷺樹隊森可憐沾滯望此刻遂初心

同魯極甫山遊

山中何所見樹靄與禽音泉味投茶驗花枝向鬢侵坐巖捫石怪穿嶺帶雲深驢背休辭慢能追鹿豕尋

其二　福山寺

四山孤刹建風雨飾崇高磬座塵經頁蓮花歃佛曹猿扳窮石嘯木掛絕巖飈未許叅禪契空門累却逃

其三　佛子嶺

曲徑循高級安能遽息躓人依鳥道轉山得木橋連潔洞探瓢飲幽林枕石眠我將登最上一笑白雲巔

其四　黑石乳

峯高天若劃日午始當頭隘谷枝相接懸巖雨并流猿飢蹲石級樹老掛藤兜劉阮今何在疑從古洞遊

其五　龍山寺

林深無熟徑樹老不知年瀑洒千峯雪巖開一綫天轉梯扳殿月破竹引山泉盡日登臨處都來翠秀峯

固鎮橋道

石橋風浪齧蹲步見悽惶沙磧炊烟少郵傳驛馬忪星流河上影燈迸樹間芒古寺清鐘過聲聲贈曉凉

御河

輝源千里瀉曲折北東流巨艦排山下洪濤擁日浮雁聚蒼葭浦霜澄白露洲烟波堪放棹不得一垂鉤

淮水

淮源衣帶似秋漲亦如江顙亳經瀍水榆邳灌海邦瀾從千里沸雨滙百川扛拭日林皐聆霜風色已降

初春坐觀音閣

匹騎西橋外春寒竦耳肩河深氷化水樹暗霧摶烟聞磬清思永絲茶俗胃捐住來無繫束似與白雲旋

入龍蟠

愛尋幽勝蹟蒼翠上衣捫細雨開苔暈懸流界石痕山遮僧入寺徑轉樹當門躡足高巔處江天一綫存

龍王廟

勢下雙河會流來抱大村沙壅埋細草水怒齧高潺一撓長橋渡多年獨廟蹲老僧閒自課有叩爲開門

過含山寺

不說含山寺山含寺莫尋蘿藤交樹杪石壁拱巖陰覆徑苔莓滿藏巢鳥雀深門堂新建後風雨復殘侵

其二

山荒春寂寂淡景耐相尋鐘磬離剮架袈裟掩捉襟斷雲雙戶入寒月半廊侵野衲無繁禮逢人一問心

三叉河

烟景長堤上相牽引望痕青楊垂古渡漪浪漾芳村河滙千危漏山囘萬馬奔形家稱最勝得此捍重門

夏日村陰

梅後晴時少寒翻五月攖滮塘河汛勢風樹海潮聲細溼
衣思火孤村水遍城農人三事急豈敢憚泥耕

其二

卽困孤村寓寧忘屐墅游入林扳葉墜坐石看雲流鳥道
千峰暗泉聲百折悠不辭沽酒遠步滑耐瓶愁

菴寓

市遠孤菴寄蕭疎可自裁當門風款席坐樹影撩杯慵與
泉巖發清思笛管開頻年丰韻減鷗鷺不相猜

銅井

不識空山裏何由蓄怒湍搖空雲影戰拂袖劒覓寒滄海

穿源洩神龍落窟蟠解裳思濯足恐或倒波瀾

瑞巖觀

臨千巖壁峙仙宇闢殊勞樹密香堂隱簷虛露級高漱泉

流醴水坐洞起寒毛檻外長天遠悠悠萬古濤

歸雲洞

窈窕穿雲徑深幽鑿石椽當炎時暑絕把樹壁奇纏響韻

空山吞苔衣古碣旋曲肱聊小卧不復覓拋禪

眞河朝霧

不分天與水安別氣和烟蓬立纖鬚泫窗扃薄紙穿遠江寒自沍叢葦翠相延悵此舟中客凄凄冒冷牽

濟河岸眺

解纜平湖暮水天界合微氷澌涯鴨冷澤滯塞鷹飢岱岳天中寄雲霞海外睎昔人多笑吪所遇各時非

曲水

涓流何宛折故故使迂行竹近涵千翠天空映一泓寸魚閒浪入拳草細磚生坐視磁杯泛膚神與共清

禾郊登烟雨樓偕兩季限十一尤

歸棹南湖便焉能不一游千烟屯澤國百雉拱星樓風折氷盤皺雲依水鏡浮昔年歌舞事誰與望中搜

其二

樓勝因湖建湖存漸廢樓畫欄飄斷梗堈礎瘞深流堤上常鳴鏑亭邊或掛鍪烟霞誰是主水鳥自春秋

其三

淤浪生漪致殘陽起夕幽鰕鬚翻浪細荇葉拱花稠薄暮烟成雨新凉氣荐秋縱觀雲水曠聊與學飛鷗

其四

提楫循南址推檣望北丘風塵同拍浪歲月一輪漚乘之

星宮木牽勞海上桴鄉關千里目偶上仲宣樓

觀賽

試士犂初勸相鳩展賽蓮象獅人貌舞鉦鼓戶捶闐荆布

羣為隊嬰童喜欲顛野人風味古猶說樂當年

滁上同趙呂李三子移胡友席坐豐右石屏下舊名

杏花村有古刻跡

何處堪移酌巖光展石岑杏花循路杳栢子種雲深車馬

傳流客山谿費浪吟古人畱筆意應亦似而今

看春東城同兩弟限樓字

東迎佳節至把酒軾高樓鼓鬧川雷奮人鬪海汐浮輕風衣弄色細雨草成油共喜開青眼相忘指白頭

其二

本是郊迎典近乎戲賽游紅裙馳驛馬彩勝駕蓮舟夾路人雙擁朱門導四週太平將或兆風雨祝無尤

樓上望雨

城濠當五月一尺涸流纖梧葉先秋落窗風過午炎探潮

千里汎望氣四山尖願借掄雲手依詩詠足霑

、滁寓聞蔡子招友波羅喜而從事

客困城居久春郊及伴尋巖青殊有色鳥慧各能音坐石探泉潔觀雲憩竹深幽芳隨處擷徙倚道山陰

河漲

驟雨山流急河干一望瀰人尋橋頂渡舟掠樹梢移滿泿慫魚戲漩灘困鷺飢輕風三四刻纜解未成詩

孤山閒眺

地盡平崗勢高峰引望長晚江流自白秋浦稻爭黃牧豎

閙分笛村廬隱各莊空天寥廓極獨立看雲翔

自滁抵孤山路盡桃花

看景惟三月由城歷野奢艷生千墅錦紅遶半山霞映水熱分靓飄風惜碎紗溪村無問識蓬鬢也簪花

晚坐幽棲

天光午後淡山色晚來嘉齋罷僧停諷游空殿撤講深林稀牧馬薄暮聞啼鴉巖壑暝烟起披衣滿月華

晚山

幾陽西漸下山色盡回青秃秀巖松古寒花石荔馨泉涓

流細響樹隱吐微星何處清涼夢臨池一草亭

晚坐覆釜山

千烟起夕爨一水繞昏涯山遠歸雲斷天高掛月斜分途人散市穩宿樹招鴉風鶴初恬息登臨興始賒

蕭野望山

天山同一色淡翠界微分陰嶺能留雪高峰竟插雲嵎聯秦趙屬星貫昴箕文應有幽人蹟烟蘿願結羣

清江

清河初口出風雨痛淋漓水泛天圍沒舟行岸角移低雲

漣海渤急溷灌鍾邳試問飄蓬客何如戀故基

河樓

雉堞環雲拱孤樓四望通塔堆分艮巽寺閣列雌雄水氣漣山白花顔接席紅凭欄倚醉力不復怪凌空

觀荷

方塘滋灌利種藕亦清敷灧漾風揉態輕圓雨弄珠鴨眠攢厚蔭魚戲墜香鬚不忍頻青折霜華耐晚扶

綠野堂餘梅

綠野堂中樹扳尋不似初三冬園主別半堵路人餘老幹

迎春晚殘枝占露跡于今姑載酒漫賞轉生歔

彩霞菴

古路秋風熱投菴暫解衣千峰朝户拱一水帶林圍蛩穴
乘陰動榔桃養露肥純陽仙跡寄何處拾玄機

樓眺

春盡高樓爽晴明四攬齊沙融凡草出岫煖故雲棲古翠
松攢廟新黃柳布堤參差入畫意有筆未能提

其二

地迴振將遠天空望盍微筏撐漁父釣橋見老僧歸近郭

鴉堆樹依河水襯屏昏烟風色異漸認景依稀

滁城南望

繞郭花千樹春深待日開陰阜歸雪轉芳草傍城迴河漲魚爭戲樓空燕恰來何時當爛熳一一逐酬杯

河上

帆掛孤雲下游移遞八風穿林荒樹禿泊野晚燈紅世局河形徙人情海瀾同浪花姑解意可勝菊園叢

其二

天地俱秋色蕭條感候更三河多暝雁兩岸半荒耕估客

飄洋思行人出國情誰將豪興發簫鼓激波鳴

其三

豈爲蒹葭訪逡巡逐水涯投閙鳴鼓急過廟賽神譁樹障攢青島波痕徙白沙忪忪今古事徒自付魚鰕

其四

遨遊生趣寄不逐鷺鷗羣地曠懸孤月天高落斷雲挑燈依榻穩掛鏡照顏勤皓首滄江意烟波未忍分

其五

飄萍緣未定泛宅寄中央筆陣波紋暈鬚鋒曉角霜虛山

天若塹倒日景爲翔一粟滄浪裏顛連意欲狂

其六

秋川承浩蕩慷慨視洪波醉爛翻雄健悲深轉笑歌昌期名世往逆旅故人何泛泛中流景輪歸一擲梭

其七

頹放叜年久斯行聽所之書函闟吏厭姓氏榜人嗤兀髮梳將輟流雲袖欲持不須耽洞壑辭俗自堪醫

其八

埊北長河迴鄉心轉故邦船鐺吹習習水燭影憧憧景逼

青楓變時憎白髮厖倦游如繫檿門外有吳江

其九

自古中原地搶攘運屢叓馬嘶汶上水草覆濟東城策鮮千言富才慚十事誠所懷安足試徒付笑平平

其十

鍾吾滙大澤浩淼古風扳地曠無成樹天高不作山圯橋傳術秘夾谷主盟閒更有淮陰淚長流古廟灣

其十一

傷暮波航泊羣囂釋萬訾水搖星影動風散月華瀰靜養

閒觀燭高懷細品詩虛凉生夜半此意會遲遲

其十二

有日安瀾見隨時快楫從輕帆影渙渙細泚浪重重天碧長鴻傳沙青細草封翺翔惟客狀姑與寄閒踪

其十三

不是平湖棹風光敢自分播書帆影亂擾夢櫓聲慇岸漲潮成雨天垂樹濡雲波濤愁沒首可詑負山鼓

其十四

落雪仍搏水荒灘故隔津燕鷗原自狎泉石久相親彭澤

先知退高陽頗得眞何時川返棹竿笠豈嫌貧

秋野

一年秋次畢林麓景堪依新熟開缸洌初烹上架肥藕菱含露乳烟火淨柴扉淡月輕風下焉能遽拂衣

春眺

芳郊臨氣轉人物驗三祥發土新犂勇開樽腐麴香桃花水畔麗燕翅雨中翔別緒堪深慰遲留正艷陽

春回滁道

嘉時多景會觸眼盡生妍寒褪青山皺晴烘東麥烟燕雛

將守戶藕母待分蓮潤雨濃花候閒情任所搴

夏客和城

三伏羈游旅何如憫旱懞天高稀曉露水涸斷江潮秋槁
春尤茂朝葵暮輙凋光陰光草木埥裡歲華銷

其二

時餘更六候萬卉覺森蒼桐陰高閒月竹韻碎敲廊老自
憐秋扇嬌仍愛海棠淹留何更驗蓮子墜新芳

其三

目下關山遠意中丘壑存鏡容人白髮花伴月黃昏江閣

誰留佩漁磯願結村宿潮高萬丈無計御天門

春霽

春光經雨潤乍霽益芳菲暖水魚遊戲柔風絮晴飛樹青

攢古寺花艷落新衣暗裏韶華換勻勻看綠肥

上元寓滁寺

通城佳節候初地轉繁華笙管飄樓級雲霞吐炬紗院沉

深夜月入散古林鴉悟到形銷處空虛自見花

世書堂稿卷十終

世書堂稿卷十一

南譙吳國縉玉林甫著　姪　昇　較

詩　五言律

晤遘

和城對夏子又新

松槐滿靜院客過喜頻仍古籍環緗列清言下榻承江聲雲樹隱月晁夜波澄瓜李年年節長陪佛座燈

濟上晚同王普陽劉豫章飲宛在亭

未入幽芳澳扳從樹下經雙橋三折柱六角一方亭雨洗

天容淨花漂水氣馨垂楊風曳細更愛晚烟寘

客和行可姪來謁

塵土蒙荆石風霜癧鷃毛六旬知過寡三徑願名韜曳屨

隨山谿狂歌但酕醄平生磊落處嵇阮結遊遨

東庄寫胡子扇

微凉乘庨進四野散餘熏禾浪青擺畝松陰靄覆雲吸漿

新藕片切玉嫩雞紋最愛林塘坐清風拂袖勤

東呈安編修

室啓傳經席門孤視草人晴空海是度秋水玉爲神分籍

青霄迴談心白首真明光懷景切大業在楓宸

都寓再接李臚卿

海國逢知已翻從客路羈奇花開麗館玉笛佐金巵不秘圖書玩寧多車馬私十年風雨切此日幸重隨

邸館晤祝中翰

鷄羣孤濯濯貢爾自天中古道深交譜文心陋說叢銀管三臺級朱衣百歲瞳與朝勤顧問筆補是誰功

張大光民部郎

淑氣天中貴黃流漾浴多理師家習組文從族鳴珂雨露

先鴻澤聲名貯鳳坡三年知不待其謂徂東何

族兄天木中翰

江干威鳳翥奮翼入清華五色雲章貴千金御字奢禁鞭
常拂月苑袖細沾花盛世車書遠先開翰墨衙

宋荔裳部署日值

世擅青齊閥入空海岱才籌豐原學富節錯自奇該粹屑
刊闢什清風養署苔不圖履進日得拾唾珠回

陳明六御醫

世授囊中秘兼聞海上方千功說宰輔在佛禮醫王室貯

瓊瑤島春回草木霜刀圭仁術近豈止業岐黃

對戴公申

三楚多豪喆于今邁會興珠蟠神巳王劍匣氣先蒸良夜
梧桐酒新秋蹏踤燈美人欣執手羈和試相能

候太原黃四府

才孤南國望符伴右山掄衆轄觀風遠同堂翼日尊草青
回雁塚澤暨遍龍門傾耳三年最褎章技帝閽

過沈安肅年臺

誰云三輔敝豈弟賴君多闢草田戍玉安瀾水不波劍刀

銷白氣鴻雁集青莎雲際虛舟拱班生殆若何

夏日對潘中翰

清高同祿閣身近五雲華扇動冰廻浪簾垂鳥啄花玉音騰海國錦筆代天家寄勿從兹達縈分故里賒

晤張紫繡編檢

甲族通瀛海登雲即躡仙玉班裁十八藜火映三千石匱星開鑰花欄月隱磚從游天祿近顧問待經筵

豐令顧澹菴

近畿仙吏重鳧舄狎丹霄商鼎公餘覽陳山野典邀田功

除灌莾征旆絶飄飄試問循良緒開明有六條

泗上接李太守

澤滙淮南國波連海上天幃幢京兆重冠蓋大都闐署靜浮烟月秋香迭桂蓮使君饒撫慰晏若舊山川

呈高兵憲

金馬門初出勳名倍昔多雙瓜移北斗萬軸轉南幡保障天為幬澄清海一蓑雲泥茲漸迴獨惜故人何

廣陵敘劉仲艮北發

片葉乘風寄征途競授衣鷁翔將北放鴻翮競南飛雲染

江峯碧霄搏草露肥何時同塔晏仍共一帆歸

晤劉建生

再踐烟橋約扁帆泊大東初黄開野菊漸赤染江楓雲淨天懸澹山高月掛空他年高鶴步可記聚飛蓬

對劉子與偕

年少掄邦俊英英表四籓露橋兼梓潤霄鳳帶雛鶱翰發梯雲路耆傳世匱言科名家故物豈試賦高軒

簡海陵趙二守

偶爾扁帆下清波愜素游愷聲酉太白惠績勒羅浮詩滿

江春袖書來浹燕樓淮秦千里聚不復賦蒹洲

邗關似周榷使

一葉秋風寄欣從汎水停雁聲分遠隊漁火散疎艇樹接長淮碧雲連瀚海青才餘關政暇吐握可忘形

河上訪張戸曹

冬令初臨朔征帆應薦寒露淪江塢靜霜徹水天寬紫雁爭羣逐蒼葭耐晚看暫從清署御滿挹是芝蘭

寓館東盛中翰

久負犀江望翱翔入邇英瑶篇開日笈彩頡翥霞城院靜

寒梅發礡稠細草萌風塵嘶抗俗獨喜賦元精

馮太史名集因呈

盛朝開有道惟嶽再生申學自追夫子文將復古人端明言動重睿勿贊思淳孤介如愚季偏承座右春

寄平涼張二守 代

文星蒼闕著蒞郡竝高明琴幕垂芳蔭鑪峰勸惠名十城瞻注刅五馬歷巡清何幸南車指摳衣拜後旌

賦呈張編脩

間氣鍾名世瀛流共籍編斗南膺簡重宸北迓衡專硯彩

佩銀管花枝拂御蓮文章聲望古千載友齊賢

津門晤范龍圖憲長

川鏊趨東服觀風風展大哉蜃樓霞五色魚舶火千堆泛月舷爲扣臨潮蟹作杯胸中藏萬有豈秪裕邊才

書施星士扇

瓊花前跡去濁界復誰仙溷類追屠釣埋名避聖賢世輪空影鏡人扣啞聲絃何處尋真息惟將酌舜泉

書冷醫者扇

送望秋空遠孤城曳素陰蘆花沾白雪稻穗墜黃金短纜

扳楊鑿新醅采菊侵聞君有善術應樹董仙林

對蔡守府

壯才優世閥衞職擅嵩城雨掛豐巔瀑春流曲澗英河干機滿軸林下馬休營日攬瑯琊勝相將卷旆鉦

冬初晤姜宸翊

初更窮朔令景物索蕭趨砌冷辭黃菊江空換白蘆封衣羇旅遠搆字夜燈孤園老閒相話清樽間一沾

偶應高素其索字

火雲隨暑散漸報葛衣颸皎月臨河榻疎風上竹樓更停

壽韻靜天肅劍芒遒何處行吟客徒成汗漫游

夜晤李監察

入夜前旌駐羣賓候解驄汗珠衣點下人氣火烟叢六月凌霜雪三江仰嶽嵩同時談接散歸路有鷄証

嘉平對劉次公

天中凝淑氣土厚水深良玉并青田瑞藜分太乙光千聲歌孰嗣萬卷出家藏客舍寒宵迴星占聚草堂

淮上值晉蔣陳三子偕北

淮上初傾蓋途中熟叙杯千程燈次第一月馬徘徊蔣友

多部令陳生善謔詠驅愁尤晉子并策入金臺

歷陽對曹子

橫江山水麗地靖昔時詎飲縱翻揮墨琴閒熟試弓遲慳遲賈子志大慕終童莫道書生懦長驅萬里風

滁庄似孫子

庄居山麓近閒眺盡秋空村落烟描淡林阜葉變紅風雲趨後輩松菊伴頹翁攜手田間話聊商稼穡功

滁寓接蕭子雲使回

經綸薇閣籍簡練試皇華全楚名流衆三湘勝蹟奢征鞍

懸月浪佩劒拂霜花幸聚豐亭首捋將契濶睽

滁上晤韓爾清叙往

弃濶燕門久凄然驛路逢一官囊篋竭孤櫬道途窮兵馬煩籌畫江山勒惠忠長沙原暫借前席貯蒿宮

舟過棠邑對慎甫姪

一葉乘潮勢經從故里投巖雲拱塔出江浪溯橋流入夜漁分火凌霜鷺滿洲浮生知靡定行與若曹休

淮上晤李令公

霜浪三千里飄然一艓輕花開金菊浦樹覆玉波城瀚海

雲爲靄長淮月自清龍門咫尺御更慰故人情

書吳爾爽扇

別浦通闤港波光鏡面移湖平酣鴨夢露潔濯荷姿歌舫歡情浹烟橋畫意羈斯游成汗漫莫復念修眉

江上對胡安舒

如何探菊日風雨送深秋水漲江欺岸潮高樹隱洲霜蓬漁火寂稻笠野鐮稠孤幔牽遥路那堪夜夜愁

接謝元房表兄

在昔傷摧落江湖播越賒相逢驚擢髮自力獨鋤瓜世事

春潮泿勳名曉燭花當杯休攤手問有幾年華

春初過叚充南

新春東野適雲樹淡蒼黄堂貼烟厨暖肴沾炙栢香千廻

石臼米三疊臘璺漿簡朊鄉隣意開門巳夕陽

陳葵之畱酌

水涯山旋處堪營靜者居塲平多坐月河近易探魚不解

干時憤惟翻覆架書伐檀原坎坎且自守潛儲

寳邑晤王宰若

挽纜長干溯名城聽佩珂花邀春信爛溯納海潮多絳帳

移襄水靈珠溢射陂五之昆姓聚晉室殆如何

晤叙王右典

舟停商把袂揮麈覺神清敢吝金鍼度誠探寶笥盈宗繁推驟駃昆樂聽鳴嚶夜半珠光啓還驚襲社名

對李叔度

二月春堤暖風催草帶長歡情掀白髮快句貯青箱玉潤輝爲鑑蘭幽澤可方重懷黃子見萬頃縱汪洋

書申九疇扇

客寺真蕭瑟挍交昔未嘗樓書堆古色堦月拭清光雪繭

掄絲渺雲鵰鍊羽蒼慚寻年事去刮目少年行

吳子子武來謁

客遊當六月避暑問生涯樹靄階垂幕蓮紅水漲霞吟風

撫枕靜坐月弄琴嘉今古何如鄘淵源或一家

見伯熊吳子

競說揚州鶴乘來是也非江雲潮勢湧城樹暑陰肥畫舫

隣絲髮荷觴惹溼衣遨遊誠客願獨惜影孤飛

汪屏之舟游

繁華傳昔勝所見主人何橐載千江遠函挍四海多移檣

飛白苧勸酌捲青荷老大饒餘興牽衫影漾波

舟中茹素對孫子

强飯無須肉銜寒但試杯餘書當雅侑片月供清陪凍涸河將變氷攢浪竟堆只今明素志淡泊味堪回

初發宿程子河居

順流三十里暝色照河村未醒開帆酒旋挍剡炬門催歌鼓百遍伴夜燭千揄莫漫愁遲起霜華待曉暾

六合省祖墓入族姪家

古隴秋霜日河干水落長三間茅屋陋一徑草牆荒向晚

樓公儈稻積塲我來添感慨獨對塔巖蒼

讌集

迎謝臯臺野望

東郊芳亭啓草色簇河干水靜魚紋細舟輕荇葉寛點黍

驚柳變坐蔭趂林攢偏之移春具風光負客較

畱魯極甫隱業

構宅西山僻崇巖屢級除蓄魚憑暇釣栽柳護潸居泉漱

清心盞雲封禁足廬應羈城務遠却好著奇書

春初滁上同葉應生回里

忪裏郵亭迅風光四望消川原率淡景草木尚寒飂鴉散

荒田麥人穿泗水橋春程何處賞閒指酒旗飄

楊子杰席間

環城當拱壁細水適紆裙椰色穿簾細花香拂案殷盆盂

堆古玩帖畫擅清閒小築山林具時須一甕雲

雨中坐胡友齋頭一日

風披梧舍閃雨弄竹窗儇緩醉消長刻奇搜盡古篇衣冠

小宰貴筆墨後人妍入夜淋漓甚奚能省燭錢

張公度過叙僧閣

閣虛天界廣雲物洞中開掛塔青霄際攢城白水隈夜鐘
窗外歷林雀案頭廻不復登崇嶂山光入手杯

陳未甚席上戲作時在五日

書齋隣道院道境合心投瓜架堪鋪榻魚池可泛舟雲垂
城若合樹客月爲留酒面浮砂艶紅將暈醉眸

春日雨阻西墅走筆應昆姪

霢霂連朝注韶光晴去賒寒塘烟護柳淡樹影藏鴉江荻
抽條笋盆蘭放箭芽閑窗閒話酌醉處卽爲家

其二

春當塋域祭寒食果寒賒但囑窗浮馬無扱髩掠鴉臘年
澄酒味縠雨瀹茶芽兒姪偕庭聚辰昏總一家

滁冋蕭生款席

攬轡臨春日風光野事賒青禾散綺陌白水繞芳涯燭焰
羣燒燦童歌夜靜嘉山庄乘月返歷落樹陰遮

人日玉騧招飲有斐軒同長兄玉鉉依韻

是日眞宜酌相叅景市村河長水繞郭山近靄闤門芳草
眠將起寒林聽欲言只須叅淡致吾意自軒軒

飲江元化園梅

城園咫尺隔延賞浹今朝色染株株異香飛片片撩春風
催曉曙麗景爛雲霄乍入深林裏疑來絳雪飄

其二

歲儉游因簡年深興愈豐臨波香襲水照野艷騰空露潤
花偏麗晴烘蕊益叢折枝人競插沒個白頭翁

其三

人老慚花嫩花開愛日輕臨杯生繾綣對客益風情落片
沾春服扳枝掛蠟縈年華都過半莫遣負芳英

其四

聚友情先暢逢花興倍寬開邅園作錦弄笛月生寒池近
烹鱗快拳高戰席譁莫愁星影沒繞樹有流丹

陶翼勲見招同武伯志孫蘇隱并一如僧

豈必同毛羽飛鳴共一林江山兵後狀杯酒別時心小院
梔香滿頻歌燭熖淋歸來三下漏趂醉擁孤衾

約王伯卿陳未甚合徐子晉小坐

有客江南至相從一舉觴橙皮霜倍厚菊蕊晚尤香長夜
輪更靜空階戴月涼盤飧傾似水歲儉此堪常

夏坐村菴頻酌諸席

樽酒陪郊麗筆歌慰客孤箸敲池水應席顫樹根扶齊物
隨僧俗藏名畧宦儒北卭高纍若尚得把香酤

其二

邀雲羈席上繞水注樽前山律擎遲盞草柔寄醉氈是花
輪佐鼓有量亂行拳老去慚才短狂吟敢客聯

其三

杯巡宜過午野勝喜當門黃鳥枝頭囀青蘿袖底捫樓臺
雲岫氣江海日朝暾已厭風塵狀邀隨上下村

其四

靜剎生幽爽薰風解夙酲山川今日伴麴蘗古人名地曠
閒從鹿林深喜聽鶯逢塲徒鬱鬱恐負白雲盟

酌汪大曾園

別業城隅北林泉雅稱斯芙蓉秋水艷藍菊曉烟滋報客
懸鸚鵡傳觴聽畫眉更看垂柳下雙翼浴清池

山中看劇

登山原僻興何意彩衣褰板疊泉聲細歌延鳥舌圓青林
搖欲動白髮醉還牽面面巖雲轉幽靈戀管絃

宿曾氏山房

爲憐巖壑勝搆闢有奇天鳥韻攢窗側松聲掠枕邊藏書
山有肆蓄酒甕堪船久絕簪纓夢昏昏養大年

田居過張圖南

曲折龍盤麓幽人搆草堂萍開新沼綠水插嫩禾香堦樹
侵窗几巖雲補屋梁佳行杯在手今古話偏長

酬和

次達鷄店壁句

壘高遮晚日沙合障餘暉落木霜投地踈櫺月入幃官緣
新節少雁冐積寒稀回首公車意中心敢自非

其二

一望村廬斷塵沙滿客衣攤書燈故隱慕醉酒偏違顏面

風霜厲文章草木微狂高耳後熱笑盡忽生欷

卽王瞪文韻書客扇

高樓欣會聚湖海締相知綠柳垂絲日紅桃放瓣時檻空

搖翠樹簾細納微颸駒隙韶光易青樽願續期

其二

招朋尋野勝景物競光天鳥舌員堪聽花恣艷可憐隨陰

聊種竹對沼試栽蓮樂事原無紀嬉遊學少年

熊太史過里出詩正之惠句和呈

斯道同人寄元才更入微陳特尊賈董起運識瞿歸瀛海勞清夢金壺慰愁飢吳江徒有句一見笑都非

次韻黃仙裳

大火流西下旋看暑氣收重城隋館月一葉楚天秋露重滋芳桂江空縱逸鷗廣陵濤尚在不耐洗牢愁

次葉應生雨中樓飲

臨高樓特出坐我四虛中簷掛游絲亂欄迴舞袖紅隱雷天角動深夜燭光濛試滴筵前酒歸知撲面風

郎金侶樵韻口占春野

風和兼日麗幾得禁游翔水漾澄波綠巖攢細草香摘花穿徑遍聽鳥入林長叹拾春郊盡歸來帶月光

三日伯兄載酒有斐軒步玉騧韻

歲初謀樂事緩步踏園東寒瘦千林出淸涓一水通雲低眠嶺白日淡射簷紅莫惜山亭望星雲驗歲豐

驛中和壁

艘向金門謁誰辭露館投貌愴霜日草行滯雨風郵臯壑藏靈笈江湖泛逸鷗栖磯如可托莫說釣公侯

報國寺訪吳岱觀命和壁間四咏

高人親道味耽寂構幽棲一覺風前枕三生世外梯老松
蹲石上殘磬度樓西風雨連長夏泥途杜客歸

其二

漂泊燕臺寄將成汗漫游霜紅楓葉渡水淨蓴絲舟遠塞
連寒岫高河洗淡秋扃關中有得遇筆點山頭吳善山水

其三

初地心殊靜鐘魚寓隱言潮雲通海屋夜氣御天門南雁
驚霜曉西山卸日昏天涯寥廓望歌鼓得誰昆

其四

意寄升沉外天空恁笑聾桑田銷古事車馬斷今人落日
青山倦長河白浪嗔胸中谿壑具隨地有簑綸

栢野和壁

風塵人貌悴慵向鏡中知馬影懷兵畏砧聲動客思古道
林烟淡宵征海月遲此行須及壯老大尚何之

次野菴壁韻

景曠抒清賞川原俱列眉不風水自皺未露柳先垂聽鳥
鶯新舌尋桃惜落脂忍能逃一醉負此好春期

其二

淑氣三春勝芳郊萬彙盈花從新雨銜燕向故巢營白滿平湖潤青分遠岫明郊光如此艷那杜蝶蜂攖

依韻賦得隣鷄生午寂

別有幽深與繁囂總不攖落花開有片流水細無聲日永高窗掩簾垂半枕清雲封谿洞口何處夢回輕

中秋無月同李秦生拈先字

那堪逢此夕不獲對當天霧遏蟾光寂陰拘桂影攣坐院憐梧柳環城輟管絃獨掩銀釭卧深宵入夢圓

徐和守署後山亭限空字并用首句

登高而望遠曠佚亦何窮江閣鍾山對天門漢水通桑麻
分任牧風雨織飛艟把酒孤亭上浮雲變太空

元日得雨用李崆峒元夕字雨弟俱有作

元日晴明好却逢陰雨溥城光遲覺曉爆焰薄開寒人事
新年簡春風故物關星雲一歲兆望眼向何寬

玉隨自廣陵寄扇歷陽舉而步之

三楚延淮漢時違共飯牛悲歌淹逋客風雨漫孤投釆石
仙舟杳瓊花古觀幽龍門少下榻零落雨南州

其二

徒廷逢歲技終守待年心古道思刊石狂遊念槖金山川

老更熟氣識困逾深好指烟橋月詩成且自吟

萬壽菴次金侶樵壁韻

郊原閒曠意領會在禪家鳥道雲中影天衣海上霞能參

花自雨知靜磬無譁四大從空幻毋容俗障遮

稱贈

滁上張圖南隱儒

草庄寄屆蠖性與地相宜栁細輕風曳山高小月垂望雲

穿樹遠步水遶橋遲清濁惟村具牀頭不可離

書語溪姚舜日扇

鋏抛悲世想筆謝補天功少老春蠶速行藏塞馬同稻肥

滋歲飽菊晚傲霜豐策杖嘗捋笑吳山一醉蒙

贈雲間張際之

邂逅方山下眉毫露道英文觀吳會大致挹楚江清有句

憐韓退無家傲尚平倒衣終日醉釆石敢賡名

和陽接夏友

莫謁風塵狀江頭典逸揮盈潮趨栁岸湛露潤荷衣簾細

林光滿巢安熒羽肥棋觴罰歲月奚必扼知希

年姪白仲玉 代

斗城環霅澤有政嗣君傳茹瀣原瀛海儲英自玉田才饒幾正字習貫二南篇望氣淵潛勝飛騫再賀蟬

、贈曹子師席

何事書生貴清高坐草堂談文來鳥聽洗硯染花香暑淨燈旗掩簾疎扇影翔明窗環雅座自合究心長

爲盛誠復道長

浮生參閱久顯晦復奚論著作封巖穴勳名付子孫養年

丹藥備聞道布衣尊但得頹然趣時時一阮盆

爲江碩甫道長

蹈高人所貴患不破眞愚流水盈終去奇雲聚究無青樽

覊歲月皓首玩江湖何處尋知己僊宗共釋徒

對汪子楮封

浪拍秋原漲長淮暫繫篷半艙風雨滿一夢劒書共塞雁

擔霜白江林變晚紅談文知益進不復八年同

呈鄭士介年兄

一纜浮梁寄從將世誼尋青玗隱玉瑟緑綺締華簪采菊

嫣爲杖登皋鶴乃吟江城喬木盛萬舍望森森

送餞

辛卯冬餞計偕諸同人　朱晉公

遇晚耽才老貞窮傲運慳霜摶河朔草雪疊大行山雅望排時徑雄文冠後班同名十四載此去迥難攀

朱守謙

南國初傳晏隨探冀北春嚴風摧勁雁冬日慰勞人劒拂長空肅花回上苑新不須邀駿足指日御翔鱗

金侶樵

同人吾孰畏邁泉子耑奇清白湘江著公平里社推星芒
占寶劍壇坫擅華旗海宇傾心切臚音願首期

孫熙公

幾年籌合轍今日遂搴帷柳幔縈芳樹河氷散暖暉鍘從
初發利羽自夙成肥西墅霞城起遥瞻近日輝

葉應生

前人忠厚習充篤轉光華卞玉韜光久熊丸志苦賒呼樽
開鬢袋撈管發心花此去原無再名先汪碧霞

二月一日令公諸紳偕餞致謝

夜雨懸堦滴蠟光報曉辰華旌祖道出清酒客筵廻椰

含金甲蘋光展翠茵韶華從衆眼豈是一家春

其二

客意誠交善私情亦塘占蛛簷偕鵲聚子宿遇官添時舉第四兒霧徹南山霽風陪綬帶恬上林方菀集恐蹈不才嫌

沙邑遇粵叅李符嵎入覲南旋

三載粵東使一朝漳北逢龍墀邀湛露鶴袖轉清風嶺桂迎軺發江魚接晏充南天原不遠日出擁潮紅

寶北値徐致公假南

偕計分淮水君留獨木天春風歌管輩上苑佩環仙孝友
傳黔表文華侍日筵北堂花正茂喜捧御書旋

送邑令楊侯調閩

考績先時傑分符轉列侯功方丹聖堵名已勒宸旒靜畧
須叢試長才并武籌花封移海上只有故棠留

劉九來任唐邑

士器從官試楚才入趙稱解懸孳犢易治小卧琴能湯邑
先膏沐口碑近里騰同入筮仕衆庭帛獨先徵

送韓爾清之湘任

湘江初履授暫佚賈生才壯署危時見春風病物回銘洒
徵白水奏績轉金臺冉季門同有如君敢後推

艢文京邸志別

皖城人已去譙里客仍留世變尋翁馬心提搭箭舟窮途
詩遣寂孤影髩傷秋何日聯床訊偕君筍底摉

贈別王洋石世兄

江天千里濶促膝幸而今世閥清名著時緣舊業沉山花
欣笑日布幔怯牽陰把酒臨風暫悠悠寄此心

送別馮五雲

薰風高閣爽千里蹴星函仙籍原瀛海花叢發桂巖學羅
雙酉蘊名繼二馮緘正好邀傾注江干訏曳帆

夜送陳善百

袂把方深叙瓶傾乃輟談星光朔夜斂塔影宿雲含佳句
移燈和高情別館擔莫愁風雨隔同客一江南

金紫汾河干蹴別

甫聚旋言別河干手執巡一堂思唱和千里隔淮秦解佩
先分鮑懷詩未贈申蘆花江上雨此去快膏輪

歲三日玉驄山中同歸輙有淮上之行

山程勞頓遠撫席尚搖搖未荅新年東旋扳潞水船頻指
知別久細囑念行遥出處誰能卜還將聽沓潮

留別泗上馬子

投主因寻弟招朋恰爾羣懷珍誠白璧待駕久青雲半畝
花將滿千筒筆欲焚窮豪偏勝酒不謂遽朝分

餞張穀詒北偕

歲始春風轉鞭掄冀北賒袖披新月色劒拂薄霜華池柳
將吹水宮鶯漸舞花揮毫成五色遥映嶽峰霞

留別滁守

癸夕當秋抄延懷獨使君溯河牽碧水稅畝被黃雲潭養
神龍穩松間瑞鹿欣京華堪劍佩嘗聆北江濆

清江別劉茂實

棲遲烟水客慰藉解離羣杯注青蒿色絃揮綠綺紋孤蓬
海上繫短燭夜中分不慣逢迎事前途那姓聞

春游同林子山中時悵玉隨將北

節初牽野伴聊一對山卮石髓將成乳松膠漸化芝晴巖
花吐日煖樹鳥飛時莫遽言分首吟孤夢草池

北行過李臺使留餞

勞車驅上國山斗暫儀欽淡馥梅前酒清森栢下琴威馭
行撼嶽馴鹿喜藏林翅首江天遠長懷喜御心

初出親友郊餞

辭年宵僅五發軔路初干花爆開寒陣椒觴潤臘鞭扳車
襄岸轉反袖嶽峰搴謬辱脂輪意銘藏直到燕

自燕同沈石友回南抵里分道

寒征千里澗旅況百番多入店愁澆酒提衣笑發歌風高
人面悴霜滑馬蹄蹉慰藉連燈榻明朝奈別何

再餞張僕公北試

山窗清夢曉匹馬驟金臺萬里彤雲近三春綺陌開風霜
遒健翮盤錯練奇才物色重瞳喜名轟應若雷

送張子入雍

少年期自奮所志急功名捧檄高堂喜回車故里榮力貧
知沈峻嗜讀念匡衡豈蹈輕華喜將無負此生

世書堂稿卷十一終

世耆堂稿卷十二目錄

詩　五言律

寄候

柬淮上李節推　柬山陽宋令

柬彰德劉司理　柬呈藩憲謝公

寄顧蘆政　賈老

題寄許子奇　寄閔令

呈淮上蔡撫臺時有北赴

寄池河王允達向訪未値

懷洪子江上　避雨襄城橋寺
淮上懷楊子　答賈子贈蒼山茶及閩元
懷孫曼倩
玉隨買舟北回余羈西墅未面
入山訪曾極甫　仲兄玉質初度
棠邑晤汪貢長　棠城對葉封翁
對洪芳若　中元念　北堂遠寓
趙石欽邀觀河上桃花以歸遄未果
高子爲　先大夫書匾禪室

山中聞伯兄偶恙

滁上别定遠徐子併示張友

六合祖塋　語溪憶　先慈誕辰

池河贈别張聖臨并懷　先蹟 二首

金魚池上候客

巳亥除夕念玉隨寄燕玉騊寄淮

題詠

寺中作黎園　王氏新居

題林蔚起山房　宿仲兄庄居 二首

錦川石　野蓮
僧舍築高壁上　山中樵者
趙石欽盆蘭　百舌
蜂　晩禾
戲友人贈藍墨　千佛菴皷
粱粱見耕　老藤
金鳳花　老鷹
屋上生草　雨中
野耕　月光照雪

世書堂稿卷十二目錄終

世書堂稿卷十三目錄

詩　五言律

寫述

世書堂稿卷十三目錄終

世書堂稿卷十四目錄

冬入山中　大霧
燈夕　淮上對雨
元旦　六日雨水果應
早秋　迅雷
清明日陰　秋雨田居八月十四日二首
中秋村夜　陽月
元日臨淮　夏日曉陰
燈節　都郎七夕陰坐四首
冬晚　春日

爾戴道士

附閨館

桑同袍得妓嘲之　嘲范同人挾妓

馬上所見

五言排律

制中述懷呈鍾夫子

題螢用本字三十韻步玉隨弟

肅野望西山　哭張席公

雨後　都門喜玉隨至

秋夜攜酒孤山同僧恒清內姪孫蘇隱

山下梅花　　哭和陽余垂雲

呈朱太史夫子　　寄別白邑侯

春視登見眉室　　賦得夏雲多奇峰

避暑百福寺殿　　柬李太守

滁上呈李文宗　　入夏呈范中尊初度代

世書堂稿卷十四目錄終

世書堂稿卷十五目錄

詩　七言律

行歷

初出楊城　眞州

雨行東葛　沙河避兵張修菴庄

自和陽歸　行寧野中

北野　陰行鄴下

渡江送兒輩應試　晚泊西村

初泊司家灣　阻風宋家庄

艤舟三岔河

九月朔舟行改陸抵李庄已復仲冬舟歸

晚泊黃岸　舟回廣陵

沙門鎮　抵延津城外乏中火

早發河干　寧陵

柘堌鎮

宿州城下

旋南詩二十三首　一發曹淮　二宿長店　三抵涿南　四古冐州　五抵河間　六獻縣　七高唐州　八茌平南鋪　九東阿　十四宜山　十一濟寧　十二抵南陽　十三李庄　十四桃山驛　十五符離集　十六荒庄　十七連城　十八臨淮　十九池河　二十周家集　廿一山家　廿二家人來迎　廿三謁先墓

儀河　雪行睢州道上

定州道上　趙州道上

蔡家道口　歸德道上

栢野途中　秋雨河上

過歸郡　過池河

由西鄉達高塘

酬荅

宛溪徐叔犕昆季客聚依和

用崇家鋪壁韻志喜金侶樵偕北

滁上值楊二華孟夏廿一初度自拈有作見而和之

步方玉如結夏天壇　和贈郭彥深

肅俞遊府來韻　次韻朱友銅年臺志別

兩飲陳汝欽席上步弟玉隨韻

春陰陳未甚席上即徐仲宣扇韻記事

次清風店壁

次韻玉隨同攜兒姪南試道經浦江

李友堂上有玉隨弟詩押得忽聞春盡強登山之句

時三月廿七予次年亦至以是日因而步之並紀

牡丹之遇二首　寺寓雨中友過很居字

世書堂稿卷十五目錄終

世書堂稿卷十二

南譙吳國縉玉林甫著　　姪　旦　較

詩　五言律

寄候

東淮上李節推

蓮峰分瑞靄絳節注甘游世襲南宮雋文傳北海優清風石濩澤明月玉波樓千里同淮水搴衣溯上流

東山陽宋令

奇人鍾阜杰仙令駐雲騷績自鹽邦試恩從鉢水探鷄窗

移海上虎穴渡江南冉夏于今見師門慶合簮

東彰德劉司理

保障中州切掄才試以初炎霜陪憲節膏雨佐侯車訪勝

韓陵石游閒醉白閣七城謳頌遍羣奏上能書

東呈藩憲謝公

憲指臨高極南藩共一天栟幪恢大厦鑪冶鑄羣賢萬戶

星樓整千山雨樹妍蒼旻秋氣健不復計裴年

寄顧蘆政

昔年嘗放楫披錦慰南還青髮三江樹蒼浮六代山開窗

風疊卷洗石雨清闤烟水官情喻滄波未卽攀

賈老

半生塵足老無復慮時艱柳向蓬門植茶從穀雨摭養魚
通石塢放鶴玩蒼山杖策登臨處溪雲任往還

題寄許子奇

昔遊多白下朋儕散飛鴻寺塔層霄出江帆萬里通年光
新歲曆人意舊春風古刹祥梅發清芬尚夢中

寄閔令

百里江雲接郵傳十刻程治才中土秀政績大邦榮愛日

卿杯舞行春聽鶴鳴竹窗風間過恰似故人清

呈淮上蔡撫臺時有北赴

幕帳開淮甸膏淪七省多曉雲飛鳥舳夜月靜漁蓑國廥千年裕江兵半壁羅朝儀知日近奈賦衮衣何

奇池河王允達向訪未值

十年清夢記嘗若對眉峰世執同心古賓筵異味重忘眠接逸少上坐識元龍可惜風塵客深山誤鹿蹤

答謝李臚卿來書

閱世飄零久憐君意氣多千金輕弱翰十匹買清歌事屬

乘機便情如抱癖何日來裁尺錦誤落白雲窩

頹廢生慵懶貧窮長謬狂年逾半百數逋待近千償技拙

其二

甘題鳳才踈只奮螳山公佳事久惜使故人當

東泉臺王念石

星分鸞禁出祭自豸衣旋摩詰尊詩喆陽明擅理傳春風

珵帳拂霜日劒山懸百里賸言切欣投大史鞭

呈李石臺文衡

斯文江表著此日競趨醇絳帳羅才子青蓮鬱喆人梅亭

風佩細草潤雨車新何策登龍步雲端見赤鱗

候韓爾清轉句令

客春傷猝別夢斷此江關遺愛存湘水新猷發句山丹從仙井汲菊向絳巖扳何日偕琴酒須經冀北還

答盧四府

霜帆經北指暫向楚濱停沙蟹黃堪把江楓赤漸零人傳晋鉢水地記報金亭才冠唐初久于今復炳靈

寄林蔚起中翰

昭高期遠俗結址在林泉清夢山窗穩高名海國傳白駒

盧詔席青史貯　芸篇那處雲深護梯從萬丈天

東洪瑞玉

十年江上夢竟附後車軒人獨英年𦒱官同大守清看花

撩翠幙唱句擅金聲捧檄歸來早高堂喜色盈

寄李九如

不俟風塵歷天才少有餘春容柔勝酒悟穎嘿成書熟擊

南園果鮮烹夏日魚幽人得再接甚匆逼分裾

寄李君錫

載酒東郊別睽違竟十年挍名三世締寄字九霄懸鬚柄

懷曾鑷詞囊剩幾錢愁繁如更聚倒夜應無眠

黃益之爲李友索句時以旱告

已歷朱旗久仍看赤土賒秋初誰見豆暑盡未嘗瓜百丈淘泥井三星渡漢車貧交升斗貴將見醉人誇

寄徐司理

三徵初啓泰恰值昰靈辰列宿臨金斗奇胎誕石麟風吹梅嶺馥草簇墨池新平允誠祥麗歡聲且及隣

懷慕

羅村

茅屋基仍在多年記舊游畢兪霜後擁殘帙夜中搜剔

懷田衣兵荒散社僞播遷海上羮猶向故巢求

望橫山有憶

橫山環律崒草木貯幽馨瀑放羣川白原開萬畝青宵鐘

飄落月風燭閃疎欞筆札千秋業何人入誌銘

懷洪子江上

半面羮門後寒暄復再更蘆花沾露亂雁字入雲橫千里

分流寓孤吟弔旅娉江天飄渺外何日解雙晴

避雨襄城橋寺

半載江南客孤蓬轉寂寥青山浮遠浪白日浴層霄水漲
雙梁沒風嘶萬木颼凄覓羈野寺憑闌立瀟瀟

淮上懷楊子

緬我郊行日聞君少拂和霜稜催老易蛩語伴愁多葛袖
將穿露桐花已去柯良宵知好詠傾囊寄如何

荅賈子贈蒼山茶及閩元

十日垂鞭別他邦遽使殷紙封馳嶺日瓶口帶蒼雲養已
三神足涼仍兩腋分寄來都有意隱寓薛蘿氛

懷孫曼倩

俱是窮愁客同成汗漫游春風歸絳帳兀首被狐裘

千奇搆探囊一片覇天門空咫尺未愜醉江頭

王隨買舟北回余羈西墅未面

三春投筆客千里乞糧舟遇擊馮生鋏身凋季子裘窮途

誰榻下永夜自燈篝潦倒歸來意花間待百甌

入山訪曾極甫

宛偃千山聚瀠洄四水交水泉清石汲山菓飽秋敲老樹

將招鶴寒潭待起蛟昔人三隱著此地足由巢

仲兄玉質初度

深慚予半百兒亦五旬三栁淚門前叠雲屏嶺外擔青藜
遶夜讀黑髮斷霜毿日暮卭杯意西山與共酣

棠城晤汪貢長

秋潮乘雨漲傍栁繫孤舟巖色憑書展江雲入檻収四鵬
翔迴漢一鶴轉皇州故里山川熟還欣父老投

棠城對葉封翁

跨疆原接軫風景助游長綵竹偕童冠湖山佐榼觴扶鳩
花下步放鶴日邊翔七袠彤庭至歸來笏滿床

對洪芳若

客悵淹留久頻從别墅游砌花經雨豔林鳥伴烟啁茶嚼

回涼沁簾垂引靜颸氷壺常在御奚事盪蘋洲

中元念　北堂遠寓

地界三江隔品光共大軒　慈躬虔夕月神祉聚中元近斗瞻南浦臨風悵北園起扶惟伯季我罪曠疇言

趙石欽邀觀河上桃花以歸遊未果

爛熳千花墅擬將樂事巡冶游延靚女麗約嘱花神何事歸鞭促空嗟載酒迻綺雲封洞口應笑抗塵人

高子爲　先大夫書匾禪室

當年函丈啓何曾曝秋陽佛鏡同儀著江流并澤長道高名不墜人重字同光藉是如椽筆移山鎮法堂

山中聞伯兄偶恙

既壯趨衰易長貧却病難奉親筋力竭成弟舌唇乾膝下攜雙徧山中了一官歸來勤省視所祝重加餐

滁上別定遠徐子併示張友

雨碧山青後林陰遍野紛古道塵烘起清風座入殿下車欣快士回首嘆孤雲虛貯梅亭酒何時百甕醺

六合祖堂

離城勤拜謁歷落幾荒丘秀塔螺鬟拱灣河玉帶勾地靈
無間派山壽不知秋雲樹蒼蒼裏江天萬里流

語溪憶　家慈誕辰

故鄉千里隔風雨復分牽循路辭京口趨帆下溧川林開
初笋嫩網舉正鯛鮮未遂諸昆聚心旌繞壽筵

池河留別張聖臨并懷　先蹟

征途臨薄暮下馬入庭中杯酒爭羅客詞章幾肖翁三秋
農不獲片羽獵無功吾道原難合相將守困窮

其二

年華銷幻夢事業困寒岑養豎千秋骨文同四海心横山
封別業濠水播餘音憑弔遨遊跡西風白晝林

金魚池上候客

先至停踈從凭欄遥望長壇松浮翠色露塔迸金光戲水
池魚小乘風閣樹涼香車多似織甚個指蕭郎

己亥除夕念玉隨寄秦玉騧寄淮

忽忽蠅攘裏相言歲律歸時平家具慶風暖燭生輝昆弟
秦淮遠梅花臈凍稀歡棲原一木此夕悵分飛

題詠

寺中作梨園

臺空高響徹風遞入層雲對佛粧啼笑挑僧舞袖裙敗成千局幻夢醒一時分閑窗閒簡閱案上有奇聞

王氏新居

南山羣秀特曲沼映漪洄壁潔塗銀粉窗工擅繪裁棋書兩座具爐扇四時該更喜新荷茂紅香對案開

題林蔚起山房

江湖遊歷半意盡轉林皐茅葉皆堪屋松花亦可糕樹垂簷外蔭泉汲石中膏自樂餘年養商山豈羨高

宿仲兄庄居

種田西澗側當日掩雙扉適口惟飦粥尊生止布衣無人驚曉夢有酒禦霜威恰得眞踈散都忘世事非

其二

少年多作苦壯歲學偷閒花簇堂前萼衣叢膝下斑仁名垂白首相業貯西山純嘏天將錫何須大藥還

夏寓西來僧閣

憇足臨初地風塵暫息肩玩山堆案上覷鳥到杯前院靜三更月簷高一綫天但叨開放意那解識臞禪

陳近湖河居

河居奚掛美千柳浥濃青岸折拖銀帶山橫展翠屏鳥吟
烟外樹魚跳月中舲萬事行將足惟須熟酒經

過湯庄值吳山虛

大道臨河滸西成農事収白沙隨水徙紅葉帶霜颸排浪
山形列眠弓澗勢流前村燈火遠薄暮爲君畱

其二

歲律迎霜雪墓田人又來開樽初臘啓移坐夕陽回屐杖
多非俗山林半不才英華欣聚首那得拒清陪

盧墓山外大路

北去南來路依巖近水間陸輸眞洩海人力竟移山鷄聒三更耳霜飛半夜顏埋頭林壑者那復曉登攀

雨後早發浮雲在天

雨後雲浮翳猶將墨撥空層飛堆殿閣隊列散軿幪霧障朝瞰隱山嵐海嶽濛誰施靑眼顧人在夢游中

墩兵

荒蕪延野甚守卒苦時牽穴窟支烟爨風霜踏草眠有驚誰冒刃無事但頑錢何若勤生聚居行兩獲全

長安對雨

帝里苦恒雨江邦雨未通豈誠造物忍獨令恩膏窮腴土耕成石龍雲禱作虹客貧兼室窘那得不心忡

日中細雨頻作

沿山十二陣化作百千撓暑日飛霜雪空天下羽毛沾鶯徒濯色凝蘂不成膏莫向當風立吹來奈首搔

初春

訪勝春郊早川原尚借靈細來風石韻綏步草花馨鳥舌方初弄山容乍轉醒行行無倦處袖帶挹新青

早發丁市沽

曉從津口發入夢苦寒擠縮水魚沉伏銜霜雁過低沙威連朔漠海障接青齊孤客蕭蕭狀誰將解贈綈

其二

寒汀偏冷聚孤客復荒屯天瘖黃雲塞波高白日吞半涯煙幾戶一水障千門破落蘆蓬外經冬有放豚

積雨

濃雲棲遍野積勢曉何更礎潤牽衣染苔斑繞壁生山山空黛色樹樹滴秋聲長夜離鄉客殘書對獨檠

刈雨

白屋山中事西成望滿村眠田猶漬穜堆圃竟生根人閑霜鎌刈家炊濕釜飧本非寒食節風雨對黃昏

鳥巢杆上

如何烏鵲輩慣集此高干曉暮環城噪風霜輯羽寒寧知湖海濶更念蹙巖安物色從無及雲天恁爾寬

獨居

兀首環城小春風也及之簷歌鶯入耳階帶草迎眉典有提壺待游當秉燭期西隣紅滿樹不識主人誰

河內

春風吹腐物驛路轉殘烟淡靄山容媚晴波水色鮮栁綿將解絮榆筴漸成錢得景堪忘寂無須皓首憐

宿郊古望

岐路郊關近跂予悵遠遊浮雲依草面落葉點人頭靈壁山東出黃河水北流此行涼踽意千里半荒坵

其二

昔年開業事何異闢洪濛艮將皆淮北雄邦鎮泗東地營豐鎬重世變耿囂窮衰草長原色晞噓一望同

村寓

令肅長空淡蕭條寓野形捫霜握栗葉立水傲荷蓮氣逼山容變寒摧雁陣零傷秋同宋玉千古一伶行

韻府

富博通循古典詳確載今晉時宗獨沈元代緝諸陰可備稽參學能充顧問林才人原不事運用在乎心

錦川石

千里西江石錦川地獨傳嶙峋龍甲皺突兀樹根拳星曜垂高漢氷霜鍊大年介如君子立無事孰周旋

野蓮

濯濯青紅出何如散草塘露凝朝益艷風過晚愈香摘蕋

分鬟細捲筒引肺凉秋深尤競茂紅白鬭村粧

僧舍築高壁上

臨虛搆靜室數丈入雲懸經案風隨揭雲窗鳥聽旋傾池

流墨雨焚栢篆空烟倘獲談高座花飛落九天

山中樵者

葉編隨穩笠泉捧便甘茶入壑雲爲伴藏身山是家松梢

驚露鶴擔底束春葩卽未幽芳契先坐了歲華

趙石欽盆蘭

誰來閩海產移自息園誇明月趨排榻清風引入茶林深
分韻逸齋靜轉香睽臭味原耽僻巖谿共一家

百舌

可人聽百舌字字弄珠員碎滑同黃栗歡柔過杜鵑臨池
偏若應隔樹亦能傳晚出幽林裏餘音似乞憐

蜂

巖守猶門戶排營等隊房懷辛知外侮效力佐冬糧昏旦
花分出西東釀各方飛蟲原小族亦識起居王

晩禾

高低同插植晩早幸相當漸實攢芒白趨成滿甲黃遲花欣日午冷畝競秋陽厚報明昭賜知無莠與稂

戲友人贈藍墨

萬物趨時艶誰從淡泊看大文無點染真致豈波瀾把赤防攖難隣淄恐索瘢于今渾月旦皂白兩分難

千佛菴鼓

是鼓隨人扣猶如發震蒙漁陽辱賤席常樂弔深宮檄妄千花發歸真萬籟空于今能耳悟一一聽東風

濠梁見耕

天時秉脉動地力總人瞻疾作昏連曉丁男一當兼金漿

藏糞末玉粒出犁尖滅裂原耕莽艮農食豈廉

老藤

何年老怪具霜雪不能攻隱閉營蛇窟虛深養蟻宮穿枝

紋變幻透月影朦朧滿瞻清陰蓋烟蘿結老叢

金鳳花

小院無奇植森森此若麻紫紅隨種別濃淡自根差染指

珊瑚艶浮杯琥珀嘉開時綜錯見何事競紛奢

老鷹

解縧已曠佚集木尚畱淹赤眼星光射飢腸海國瞻晴暉烘敝翮啄木厲長鉗貌瘦心雄在徒憐歲月添

屋上生草

齊梁滂已甚楚越旱偏賒何物寄生類翻將竊麗華風吹遥落種雨潤自能花本植根株淺貪天便不差

雨中

昨夕衣畱水今宵月照泥雲叢天馬曳山駕海潮齎濕葢垂將隕沾鶯困莫啼渺愁風雨慣不信不蒐擠

野耕河北

平蕪成大陸數里界場紆力協兼男婦耕荒並馬驢迎霜飢擊菓趂曉苦肩鋤若問風塵客問闗更孰如

月光照雪

夜靜林皐合清光迸四圍影沒江漁釣宵遲海鶴歸蹴風搖白浪映樹散空輝上下天同色無須坐翠微

梧桐

南園多樹穀茲木擅琴題直幹參雲蓋踈陰轉月提花開枝畔隱子結葉邊齊搖落秋風起何年彩鳳棲

蓮子

彼美菡萏種秋成水面支房深重裹甲心細早胎兒甘脆含蕉汁新鮮剝芡脂渠塘風露足愛爾解由頤

水鷃

碧沙青草畔振羽白森森狎水飛纔寸探魚覷逼深塵污勤浴拂風露愛披吟具此飄然致江湖聽爾尋

十題詩小引

戊夏薰𡨴海陵舟泊忽絆吳生之劍履竟耽田子之書樓絮箸下飡挑燈消枕兩旬風雨五畝鶯花

幾于我室我堂忘乎客朝客夕目之所擊情于是鍾條以十題系爲各詠他日對詩似景吾兄見句如人

其一　露臺

平榭依霄建凌空矚四圍輕塵憑竹掃薄霧倚磚飛月轉欄間樹風掀坐上衣喧停仙客散一聽白雲歸

其二　風廊

倚閣簷重出朱欄鬬細紋步虛遥跨月坐爭絕飛蚊露屑穿簾潤花香薦袖氳當楹朝雨後列岫翠平分

其三　磚梯

盤旋隅角左曲曲復層層雪積階分玉風搏葉捲繩杯中捱月暈礎底動波綾好學如登仞先生自此升

其四　石桌

一條青玉案橫展視瑶琴鶴立來空影花飛落正襟攤書乘月玩載酒并雲斟冷冷踈風下悠然洞鑒心

其五　嵌牆

誰將陶冶質琱琢任人施巧作廻文幅工成采勝椸蝶衣穿曲竇花片罥縈絲何月牆東立春風應欲移

其六　圭牖

引薰須北爽不惜四虛穿形托和盤月光生啓衮天山河從鏡照雲鳥聽環旋立小能觀大要歸太極圓

其七　花欄

剪竹方文式重圍讓內空巧能編葉翠密不隔花紅螢火星晶透鶯梭翅曲通隔欄成錦幙更愛影朦朧

其八　竹塢

名以此君貴琅玕且萬長揺風敲細韻着雨贈新涼酒湛青枝色衣沾嫩粉香凴欄寒欲徹不數別篔簹

其九　葡蓬

異域稀來種藤延架上森向晨分食露當午叠垂陰洞小雲衣覆山空石笋侵閒從新浴卧蒼翠欲沾衾

其十　菊圃

性結陶家癖百本尚云優風提多徑塞月擁暗香流冷自經霜浣殘仍入酒投可知真隱逸桃李那堪儔

見早耕者

土瘠犂須早皇皇督爾耕戴星齊犢出趂雨伴鳩行老起添朝力閒探賴野情習忘胼胝狀試聽唱犂聲

喜晴

芳郊時序展曠眼景偕來雁自晴雲會氷從暖谷回辭霜
山獻態洗火草含胎物物春風動饒將賞具催

夏雨

雲行趨故道霧雨積霏微老樹生脂耳淤流没釣磯臨窗
停午扇坐竹着春衣不用邀河朔新凉入四幃

初晴

一解羈愁纍朝光贈物輝簷晴收礎沫架燥曝鶯衣雲退
山全淨花輕野半飛堦痕初展綠正取簇芳菲

夏居思雨

岐秋方望雨四澤不興雲土燥勞車輓苗隻待火焚耡窮

男女肇遊蹙鼈魚羣譙佈商家澤黄金遍地耘

夜凉

月歛窗堦静風懷枕簟輕貪眠凉後性熟夢病餘情鵲眼

偕星淺花覔帶露清披衣閒徙倚若在玉壺行

秋霧

望洒山頭陣徒鋪水面濡沾衣方見屑着草不成珠地渴

斂乾皺林高被薄酥蒸炎秋已甚瀓沫抵如無

滁寺春夜

歲過餘寒在春宵尚不支履艱微炭爇硯積小氷池長夢緣鐘覺閒情對月知環城烟火集孰與慰離披

其二

古刹連雲起樓虛四望該老松蹲石壁凍雪掛峰隈市靄昏先起林容懶未開衝寒詩攬勝幾次問亭梅

慶賀

祝甯太守

鴻鈞初轉律景物競昭回千燈宵市鬧五馬夜旌陪澗暖

生芳草亭幽發古梅上元佳節至好進佐柑杯

壽舍邑朱令

海門東月曙斗指向南斟摘果存餘脈烹鮮宇小心梅風清拂蓋麥雨瑞生金文季原崇望知能强直吟

壽王儀部

紫烝雲中聚秉光入鏡朁紳閒朝退食花滿舊提封卓舉登銓鑑修明贊秩宗毋勞洛牧岳日下有夔龍

祝白邑長

序臨長至候造物轉初根萬籟噓潛鑰三冬養蟄門人如

桃李樹地是葛懷村無俟春陽轉山城戴日温

都門賀鄭次巖

少年趨上闕競步正淸時映雪連門杜挑燈合夜期苑鶯將羽變堤栁漸陰披原是祥毛鳳還遊大液池

賀李民部内赴

秉鑑甄材庶高臨北斗懸奇搜探赤水夙慧種青蓮績奏祥鸞下書徵彩鳳邊江天雲五色此去果如仙

賀楊太守

迎富環郊晏孳生萬物齊梅香先古塢麥秀遍芳畦寺寺

傳山磬村村帶雨犂江淮艮績著共說自關西

壽盛榮亭

忠厚傳先澤西山濬發多公談毎衆厖壯志奈時何風慰門前柳春看雨後蓑一經原有托不負往蹉跎

祝甯太守

暄風韶景發歲律兆初[illegible]簇山雲秀潮縈澗草馨張燈游化國載[illegible]春亭美筵[illegible]瑯勝岱[illegible]

[illegible]兒[illegible]舉子

五褎翁生子七旬祖見孫食田全性蔭[illegible]授書根白髮

杯環慰黃花露盎敦仁人原善後確指大吾門

翁母錢太夫人七袠

曉曙東南矚虞峰世大家耽辛開濬喆吞徵授文華鶴帔

朱衣擁龍章白髮加詩書多吉事僂建壽慈衙

世書堂稿卷十二終

吉事中

開

雍

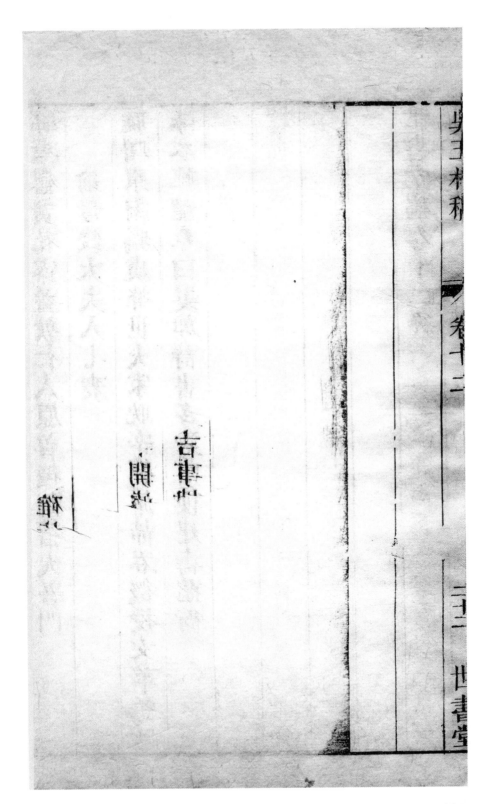